Leituras Críticas Importam
Alvaro de Azevedo Gonzaga (Coord.)

MATHEUS **CARVALHO**

Privilégios brancos no mercado de trabalho

Diversidade, raça e racismo entre profissionais no Brasil contemporâneo

Leituras Críticas Importam
Alvaro de Azevedo Gonzaga (Coord.)

MATHEUS **CARVALHO**

Privilégios brancos no mercado de trabalho

Diversidade, raça e racismo entre profissionais no Brasil contemporâneo

©2021, Matheus Carvalho

Todos os direitos reservados e protegidos pela Lei nº 9.610/1998.
Nenhuma parte deste livro, sem autorização prévia, poderá ser reproduzida ou transmitida sejam quais forem os meios empregados: eletrônicos, mecânicos, fotográficos, gravação ou quaisquer outros.

Publisher – Editorial: Luciana Félix
Publisher – Comercial: Patrícia Melo
Copidesque e preparação de texto: Pamela Andrade
Revisão: Equipe Matrioska Editora
Projeto gráfico e editoração: Marcelo Correia da Silva
Ilustrações e Capa: Rafaela Fiorini e Lídia Ganhito

Matrioska Editora
Atendimento e venda direta ao leitor:
www.matrioskaeditora.com.br
contato@matrioskaeditora.com.br
facebook.com/matrioskaeditora
instagram.com/matrioskaeditora

Dados Internacionais de Catalogação na Publicação (CIP)
(Câmara Brasileira do Livro, SP, Brasil)

```
Carvalho, Matheus
    Privilégios brancos no mercado de trabalho :
diversidade, raça e racismo entre profissionais no
Brasil contemporâneo / Matheus Carvalho. --
São Paulo : Matrioska Editora, 2021. -- (Leituras
críticas importam ; 1 / coordenação Alvaro de Azevedo
Gonzaga)

    ISBN 978-65-86985-24-5

    1. Discriminação no emprego - Brasil
2. Integração social 3. Mercado de trabalho - Brasil
4. Profissionais - Qualificação 5. Racismo - Aspectos
sociais I. Gonzaga, Alvaro de Azevedo. II. Título
III. Série.

21-69256                      CDD-305.896081
```

Índices para catálogo sistemático:

1. Brasil : Negros : Racismo, sexismo e desigualdade : Mercado de trabalho : Sociologia   305.896081

Maria Alice Ferreira - Bibliotecária - CRB-8/7964

Impresso no Brasil
2021

Dedico este trabalho à minha família, a quem dedico toda a minha vida. Sem ela, nada valeria a pena.

"O espantoso é que os brasileiros, orgulhosos de sua tão proclamada, como falsa, 'democracia racial', raramente percebem os profundos abismos que aqui separam os estratos sociais. O mais grave é que esse abismo não conduz a conflitos tendentes a transpô-lo, porque se cristalizam num modus vivendi que aparta os ricos dos pobres, como se fossem castas e guetos. Os privilegiados simplesmente se isolam numa barreira de indiferença para com a sina dos pobres, cuja miséria repugnante procuram ignorar ou ocultar numa espécie de miopia social, que perpetua a alteridade. "

Darcy Ribeiro

Agradecimentos

O ser humano não pode cogitar que qualquer trabalho seja concluído sem a participação de outras pessoas. Por isso, preciso pontuar a participação de cada um na realização deste livro.

Inicialmente, agradeço a minha esposa, Ticiana, que está a meu lado há 20 anos, me impulsionando em todas as minhas atividades. Sua força contagia as pessoas a seu redor e me faz acreditar que tudo dará certo, sempre.

A minhas filhas. Cecília, com seu olhar doce e marcante, sempre carinhosa e atenciosa. Maria Luísa, linda e com um sorriso que preenche toda a casa. Sem vocês entrando e saindo, esse trabalho ficaria sem amor e sem a humanidade que busquei implementar nele.

A minhas mães, Myriam Carvalho e Dilza Atta, pelo simples fato de estarem aqui e por eu saber que posso sempre contar com elas. A última ainda foi responsável pela correção gramatical do trabalho. A meu pai que, de onde quer que esteja, me acompanha sempre.

A Deus, que com seu imenso poder me dá forças para tomar minhas decisões profissionais e não desistir delas.

À Profa. Dra. Inaiá Carvalho, minha orientadora que, com sua leveza de ser, sua sinceridade marcante e seu conhecimento técnico impressionante, esteve profundamente ao meu lado durante todo meu percurso.

A Lívia Azevedo Palma Torrico, ou melhor, Livinha, minha amiga e tutora, que, além de ajudar na correção formal do texto, foi de uma importância ímpar para a conclusão desta obra.

À Universidade Católica do Salvador, por me proporcionar a oportunidade de avançar no conhecimento.

Enfim, a todos que, direta ou indiretamente, contribuíram para a realização deste sonho, que já nem esperava sonhar.

Apresentação da Série

Crítica Ancestral

A série **Leituras Críticas Importam** nasce ambiciosa e orgulhosa, ao mesmo tempo. A ambição perpassa a perspectiva de nossas autoras e autores, que assumiram a tarefa de contribuir no debate público brasileiro com temas de fôlego, enquanto o orgulho vem da unificação do novo com a ancestralidade que acompanha cada linha depositada nestas páginas.

As diversas obras que compõem este projeto foram pensadas para que possamos compreender como as ancestralidades construíram e fortificaram um novo pano de fundo que defendemos. O objetivo aqui, seja explícito ou não, é criar uma série em que o criticismo filosófico fosse capaz de alçar novos voos, assumir outras cores, raças, gêneros, identidades e formas que não apenas as falas tradicionais da filosofia eurocêntrica.

Leituras Críticas Importam consiste na dimensão de que a luta por questões estruturais, fundantes, elementares são necessárias e constantes. A série aponta para o direcionamento de que a ancestralidade é mais que uma definição: é um compromisso com as gerações anteriores e com uma tradição que jamais pode ser apagada. Nos textos que conformam essa obra ambiciosa, as ancestralidades não podem ser vistas apenas como uma forma de expressar e legitimar dimensões singulares e simples, mas sim, de compreendermos as questões convergentes e divergentes nessas trajetórias, tão necessárias para uma construção democrática, plural e crítica.

A convergência está no núcleo de nossos livros, que buscam reconhecer a existência de uma estrutura construída a partir de racismos contra indígenas, negros, povos e comunidades tradicionais, de discriminações contra as pessoas em situação de rua, pessoas com deficiência, pessoas LGBTQIA+, imigrantes e refugiadas. Está no reconhecimento das formas pelas quais o patriarcalismo é tensionado pelos feminismos; ou na constatação dos privilégios daqueles beneficiados por essa construção social em todas as instâncias dessa sociedade, inclusive no ambiente de trabalho. Na divergência, a necessária compreensão das multifaces que constroem uma dimensão imagética encantadora, brilhante, genial, rica e em caminhos abertos à crítica.

É na ancestralidade, não eurocêntrica, de aprendermos com aqueles que nos antecederam para decolonizarmos os corpos que foram sistematicamente excluídos, que podemos tensionar e criticar uma sociedade que se declara pró-democrática ao mesmo tempo em que, ao se omitir de maneira contumaz das "Leituras Críticas", é verdadeiramente demagógica. Uma sociedade que precisa ser antirracista, antipreconceituosa e, entre tantas coisas, comprometida com a superação de privilégios.

Cada palavra selecionada nos volumes foi escrita por mãos plurais que se desacorrentaram das dimensões individuais, sem abandonar suas individualidades e subjetividades e, com isso, a série é um convite aos leitores para que tragam suas críticas e reflexões, visando o constante aprimoramento para um horizonte melhor no amanhã.

Alvaro de Azevedo Gonzaga
Em coconstrução com as autoras e os autores da série
Leituras Críticas Importam.

Prefácio

Privilégios Merecem Críticas

Todo e qualquer privilégio merece crítica, mas toda crítica precisa ser estruturada para que se compreenda não apenas a genética dela, como também se organize uma forma de apontar os elementos que merecem ser atacados e, com isso, reestruturar e solidificar uma resistência e co-construção de um novo modelo.

Refiro-me ao texto que tenho a alegria de prefaciar do autor Matheus Carvalho. Na obra, fruto de sua dissertação de mestrado na Católica de Salvador, intitulada *Privilégios Brancos no Mercado de Trabalho*, temos uma construção de crítica ao modelo que privilegia os brancos, apontando os elementos históricos, genéticos e sociais que consolidaram esse edifício chamado racismo.

Para que possamos estruturar uma luta ou resistência fática, pela transformação social, ou pela trincheira teórica da academia, temos que compreender a estrutura para criarmos novas funções em uma nova estrada que pode ser decolonial.

O autor já viveu e vive as "agruras" da reflexão sobre os privilégios que tem e que teve nos mais diversos campos. Afora o brilhantismo como docente e servidor público, é inegável, e reconhecido por ele mesmo, que trilhou um caminho privilegiado para alcançar o posto que agora ocupa.

Recordo-me de um episódio da vida pós-moderna em que um aluno de Matheus o criticava por meio de um *post* numa determinada rede social, onde o assunto abordava, ainda que de maneira muito sintética, o tema deste livro: *"Professor, o senhor mudou muito, não era isso que o senhor falava, o senhor mudou o seu discurso?"*. A maturidade do doutrinador surge conjuntamente com a postura humilde de reconhecer: *"Pois é meu amigo, de lá para cá mudei muito, e sei que tenho muito a mudar"*.

Hoje, o autor, maduro academicamente, entende suas estruturas privilegiadas, compreende as funções desempenhadas pelos seus pares e não só denuncia, mas nos oferta uma anamnese genética desses privilégios para que seja possível pensar em uma resistência à estrutura posta. E mais, nos coloca diante de uma crise a essa estrutura para que possamos, cada um com seu lugar de fala, não interditando ninguém, conquistar, geneticamente, espaços nessa nova função social que precisamos urgentemente descortinar.

No teatro da sociologia, o autor desvela uma tragédia em que os atores e atrizes sociais estão postos. Não existem critérios claros de ascensão aos postos de trabalho, seja no campo público ou no privado.

Este prefaciador também reconhece seus privilégios, como já dito no livro que escrevo nessa coleção *Decolonialismo* Indígena: "*dessas histórias, meu pai, que viveu os privilégios de meu avô paterno, teve formação e trilha de estudos exemplares, já minha mãe, aos 14 anos, trabalhava para ajudar na renda familiar*". Por conta de meu pai fruí de privilégios, mas nunca escondi minha ancestralidade Kaiowá e meu consequente sincretismo ancestral.

Em linhas gerais, entendo que um prefácio serve não para apresentar a obra, mas para abrir o horizonte em um devir de ideias que possa nos provocar. Nas próximas páginas, sei que o leitor terá mais elementos para concordar comigo: raras são as vezes que o gênio encontra o escritor, mas aqui, seguro estou em afirmar que a raridade nos brindará com esse encontro.

Alvaro de Azevedo Gonzaga
Pós-Doutor em História pela Universidade Federal de Grande Dourados, Livre Docente em Filosofia do Direito e Professor do Programa de Pós-Graduação em Direito da PUC São Paulo.

Lista de ilustrações

Gráfico 1: Taxa de desocupação das pessoas de 14 anos ou mais de idade por cor ou raça, Grande Regiões, Unidades ou Municípios das Capitais – 2018 …… 54

Gráfico 2: Proporção de pessoas de 14 ou mais de idade ocupadas na semana de referência em ocupações informais, por cor ou raça …… 55

Gráfico 3: Rendimento-hora médio real habitual das pessoas com Ensino Superior completo ou mais …… 56

Gráfico 4: Rendimento-hora médio real habitual das pessoas com Ensino Superior completo ou mais …… 61

Gráfico 5: Distribuição percentual da população, por classes de percentual de pessoas em ordem crescente de rendimento e cor ou raça em 2018 (%) …… 62

Gráfico 6: Distribuição percentual da população, por classes de percentual de pessoas em ordem crescente de rendimento e cor ou raça em 2012 (%) …… 63

Gráfico 7: Proporção de pessoas residindo em domicílios sem a posse de máquina de lavar, segundo a cor ou raça e o tipo de arranjo domiciliar – 2018 …… 64

Gráfico 8: Taxa de analfabetismo das pessoas de 15 anos ou mais de idade no Brasil 65

Gráfico 9: Taxa de conclusão do ensino médio por cor ou raça 66

Gráfico 10: Proporção de pessoas residindo em domicílios sem acesso a serviços de saneamento básico, segundo a cor ou raça e tipo de arranjo 70

Gráfico 11: Número de homicídios por grupos de raça 74

Figura 1: Sistema de cotas atualmente nas universidades federais brasileiras. Ano: 2019 104

Gráfico 12: Proporção dos estudantes de 18 a 24 anos de idade que frequentam o ensino superior, por cor ou raça - Brasil - 2004/2014 118

Gráfico 13: Pessoas que frequentam instituição de ensino, por raça, com indicação do coeficiente de variação, segundo características selecionadas – 2018 119

Gráfico 14: Participação de trabalhadores em cargos gerenciais por cor ou raça 127

Gráfico 15: Distribuição racial entre os cursos de nível superior por raça 128

Gráfico 16: Proporção dos trabalhadores selecionados, segundo cargo atual, por cor/raça 155

Gráfico 17: Quantitativo de advogados sócios em oitenta escritórios distribuídos nos Estados brasileiros 157

Quadro 1: Escritórios de advocacia x advogados negros 157

Gráfico 18: Os 30 livros mais vendidos por editora 171

Sumário

1. **Racismo e discriminação racial** 1
   1.1. **Concepções do racismo** 2
   1.2. **Racismo e discriminação racial no Brasil** 12
      1.2.1. Aspectos históricos das relações raciais no Brasil 13
      1.2.2. Racismo "científico" e teorias de inferioridade racial no Brasil 25
      1.2.3. A política de "branqueamento" 27
      1.2.4. O mito da democracia racial no Brasil 34
      1.2.5. Contestações acadêmicas à democracia racial 39
2. **Os impactos do racismo no Brasil Contemporâneo** 43
   2.1. **Questão racial no centro da questão social. Classe e raça no Brasil** 47
   2.2. **A identificação dos negros com as classes sociais pauperizadas** 52
      2.2.1. Mercado de trabalho 53
      2.2.2. Renda 59
      2.2.3. Educação 64
      2.2.4. Habitação 68
      2.2.5. Violência 74
3. **A isonomia material como princípio fundamental no direito brasileiro e a adoção de ações afirmativas** 81
   3.1. **As ações afirmativas decorrentes do poder de polícia como forma de garantia da isonomia material** 87
   3.2. **A importância da educação para a formação da cidadania** 92
   3.3. **A educação como fator de exclusão e o sistema de cotas para ingresso nas universidades públicas** 96
   3.4. **Sistema de cotas legalmente instituído nas universidades públicas brasileiras** 102

- 3.5. A importância do movimento negro unificado na criação do sistema de cotas para ingresso nas universidades públicas — 105
- 3.6. Críticas ao sistema de cotas raciais para ingresso nas universidades públicas — 108
- 3.7. Aumento de participação do negro nas universidades após a implementação das cotas raciais — 117

4. Acesso ao mercado de trabalho do negro egresso das universidades — 121
- 4.1. Gestão da diversidade — 130
- 4.2. A gestão da diversidade e as ações afirmativas no contexto brasileiro — 145
- 4.3. Análise do acesso ao mercado de trabalho dos negros com formação em direito no Brasil — 153
- 4.4. Gestão da diversidade em escritórios de advocacia. Tendências de mudança — 173

Considerações finais — 181

Referências — 191

Apresentação

A discriminação racial se apresenta, em determinadas sociedades, de forma velada, por meio de um racismo estrutural que organiza os grupos étnicos escalonadamente, criando privilégios ao grupo dominante e exclusão do dominado, que, muitas vezes, é tolhido de usufruir, até mesmo, de serviços essenciais.

O grupo étnico dominante é responsável por ditar as regras de comportamento social, assim como definir o que seria o "adequado" naquela estrutura societária, no que tange à cultura, religião, vestuário, estética, tornando qualquer manifestação diversa inferiorizada ou até marginalizada.

Assim, a religião do grupo dominado, por exemplo, passa a ser vista como uma forma indevida de culto, a cultura desse povo se torna pitoresca e interessante, mas sempre vista como menos evoluída, se comparada à cultura dominante.

Além disso, o acesso aos serviços essenciais, educação de qualidade por exemplo, fica restrito à utilização pelos indivíduos que pertencem ao grupo étnico dominante, restando ao subalternizado os trabalhos menos qualificados e mal remunerados, graças à precariedade de seus estudos.

É interessante notar que tudo isso ocorre de forma subliminar, naturalizando as diferenças, fazendo com o que o grupo étnico subjugado muitas vezes até enxergue essa desigualdade como parte de uma ordem normal, que o coloca em situação de inferioridade.

Vale lembrar que, em passado não tão remoto, surgiram algumas teorias, ao redor de todo o mundo, que tentavam explicar a condição do negro, enquanto grupo étnico inferiorizado, como de ordem natural e biológica. Estudos explicitavam que esse grupo seria biologicamente menos evoluído, o que justificava sua posição de inferioridade em relação às sociedades europeias.

O colonialismo e o racismo se foram instituindo com fundamento na inferioridade do negro, o que justifica o tratamento desumano e degradante que lhe foi imposto, tornando aceitável, até mesmo, a escravidão e outras formas de subjugação de suas culturas (LARA, 2007).

Com a evolução das ciências naturais e a impossibilidade de manter-se o discurso de inferioridade biológica, o racismo, então, passa a ser disfarçado no bojo da sociedade. Trata-se da criação de uma pretensa democracia racial, em que não se admite o desrespeito escancarado a qualquer grupo étnico, dada a dita igualdade entre todos.

No Brasil, esse discurso de democracia racial, que esconde um racismo estrutural imposto, passa a ser descortinado, a partir da década de 1980, por pensadores como Fernandes (2008) e Hasenbalg (2005), que expõem a presença da discriminação racial na própria estrutura social.

A partir desses novos estudos, com o surgimento do movimento negro, as pressões sociais passam a impor um reconhecimento, por parte das autoridades públicas, das diferenças incontestáveis no tratamento de brancos e negros, justificando uma necessidade de intervenção estatal.

Dentro desse contexto, na legislação brasileira, surgem algumas ações, visando criminalizar a prática do racismo. Em 1985, é publicada a Lei nº 7.437 de 24 de julho de 1985 que dispõe, em seu artigo 1º que:

> *Art. 1º. Constitui contravenção, punida nos termos desta lei, a prática de atos resultantes de*

preconceito de raça, de cor, de sexo ou de estado civil (BRASIL, 1985).

Posteriormente, em 1989, ainda tratando das leis nacionais, é publicada a Lei nº 7.716 de 5 de janeiro de 1989 que criminaliza a prática de racismo, tornando crime inafiançável e imprescritível. Assim, o primeiro artigo do referido diploma legal estabelece que:

> *Art. 1º Serão punidos, na forma desta Lei, os crimes resultantes de discriminação ou preconceito de raça, cor, etnia, religião ou procedência nacional (BRASIL, 1989).*

Vale ressaltar que os diplomas apresentados acima impedem o racismo em sua forma individual, ou seja, por meio das injúrias e vedações expressas de ingresso em transportes ou locais públicos.

Essa discriminação racial direta também passa a ser, geralmente, rechaçada pela sociedade, uma vez que o grupo étnico dominante considera "politicamente incorreto" o tratamento degradante e desrespeitoso às pessoas de cor, já que são todos iguais perante a lei.

Contudo, o racismo, em sua perspectiva estrutural, ainda se mantém, colocando os negros em posição subalterna, entre outros aspectos, ao lhes negar o acesso à educação de qualidade e, consequentemente, ao mercado de trabalho qualificado, criando uma identidade entre o grupo étnico subalternizado e as classes subalternas.

O movimento negro, então, passa a agir com o intuito de demonstrar que a pretensa igualdade entre brancos e não brancos fica prejudicada ao verificar-se que esse último grupo se encontra, em sua maioria, na base da pirâmide

social, sem acesso à educação e moradia de qualidade e, muitas vezes, sem poder usufruir de serviços básicos necessários à garantia de dignidade.

Com efeito, o grupo étnico subalternizado, na sociedade brasileira, acaba por compor as classes sociais populares e por lhe conceder essa identificação. A sociedade enxerga o negro de forma pacífica e respeitosa, desde que se mantenha "em seu lugar" de origem e de direito, qual seja nas posições sociais menos favorecidas, em trabalhos braçais e sem acesso aos espaços de convivência dos brancos, a não ser que com a função de lhes servir[1].

Essa identificação do negro com os grupos mais pobres é naturalizada ao longo dos anos e perpetuada pela dificuldade de ascensão social, em decorrência da falta de oportunidades.

É importante ressaltar que os conceitos de raça (grupo étnico) e classe social não se confundem, em uma perspectiva da ciência sociológica. Todavia, no Brasil, o grupo étnico subalternizado (negros e pardos) está representado, em sua maioria, nas classes populares e nos extratos sociais precarizados. Em outras palavras, pode-se afirmar que a pobreza tem cor no contexto social brasileiro.

Com as pressões realizadas pelos grupos étnicos e movimentos negros, começou-se a discutir, no Brasil, a possibilidade de criação de ações afirmativas com o escopo de reduzir as desigualdades extremas existentes entre os grupos étnicos. Portanto, o Estado deveria apresentar discriminações positivas, visando a alcançar uma verdadeira igualdade entre as raças.

Nessa esteira, em 2003, a Universidade de Brasília (UNB) institui um sistema de cotas para ingresso de negros nos

---

[1] Sobre o tema, podem-se analisar as lições de Souza (2017).

cursos de nível superior dessa entidade e, assim, viabilizar a ascensão social desses indivíduos por meio da educação de qualidade (VELOSO, 2018)[2].

Apesar de enfrentar discordâncias, tal política se torna generalizada com a publicação da Lei nº 12.711 de 29 de agosto de 2012 instituindo cotas impositivas para todas as universidades federais, como ação afirmativa na área de educação (BRASIL, 2012).

Dessa forma, os negros passam a ter acesso não somente ao conhecimento epistemológico e à qualificação educacional, mas também ao convívio social no meio acadêmico, o que propicia uma rede de contatos e uma inserção em espaços, até então, destinados aos brancos.

A referida política tem uma importância histórica na luta pela ascensão social do negro, porém, se busca analisar neste trabalho que ainda há muito a fazer no que tange à absorção dos negros egressos das universidades públicas pelo mercado condizente com sua qualificação, entendendo até que ponto a formação universitária é suficiente para garantir sua inserção nos postos de trabalho mais elevados.

Neste livro, além da introdução, que se estrutura em cinco sessões, primeiramente, será feita uma análise acerca da formação das sociedades com base em uma estrutura racializada, analisando a discriminação de grupos étnicos em todo o mundo.

Em segundo lugar, far-se-á uma análise histórica do surgimento do racismo na sociedade brasileira, passando pela origem escravocrata até a formação da força de trabalho assalariada, a absorção do racismo biológico, assim como

---

[2] O Sistema foi implantado nessa universidade em 2003, conforme dados da própria Instituição. Disponível em: https://www.noticias.unb.br/76-institucional/2319-aprovacao-das-cotas-raciais-na-unb-completa-15-anos. Acesso em: 04 maio 2020.

sua substituição pela ideia de uma pretensa democracia racial, posteriormente desmistificada por novos estudos sociológicos. Ao final, serão demonstrados os efeitos do racismo na sociedade nacional. Assim, se busca concluir que as diferenças étnicas e raciais estão no centro da questão social brasileira, impactando diretamente na constituição das classes sociais.

O capítulo terceiro se dedica a uma análise do texto constitucional que pugna pela garantia de isonomia material entre os cidadãos e a criação das ações afirmativas na área da educação por meio da criação do sistema de cotas para ingresso nas universidades públicas. Será ressaltada a importância da educação para a formação da cidadania e ascensão social dos indivíduos pertencentes ao grupo étnico subalternizado.

No capítulo quarto, então, será feita uma pesquisa com o intuito de analisar a efetiva inserção dos negros no mercado de trabalho mais qualificado, o que permitiria a redução das desigualdades e a efetiva integração profissional e social desse grupo étnico.

Assim, se discute até que ponto a ação afirmativa na área da educação é efetiva na ascensão social do negro, sem a implementação de políticas públicas posteriores à conclusão do ensino superior e à obtenção do título de graduação.

Nesse mesmo capítulo, trata-se das teorias de gestão da diversidade nas grandes corporações em todo o mundo, que tem o intuito de incluir diferentes indivíduos no mercado de trabalho e que não se limita à inserção racial, mas também à de gênero, orientação sexual, religião, entre outros.

A pesquisa que derivou nesta obra foi realizada de forma ampla, em grandes escritórios de várias capitais do país, analisando as dificuldades dos não brancos no ingresso e na ascensão profissional em importantes corporações na área jurídica. Também se demonstrará que, apesar das dificuldades, existem escritórios que, embora de forma incipiente, buscam implantar uma gestão da diversidade, para facilitar a inserção dos negros em seus quadros de profissionais.

Por último, nas considerações finais, são apresentados os problemas e analisadas eventuais soluções que possam ser propostas.

1. Racismo e discriminação racial

O racismo, em todo o mundo, tem um fundamento histórico. E suas consequências continuam gerando efeitos em muitas sociedades, criando desigualdades em decorrência apenas da aparência dos indivíduos.

A discriminação racial e o racismo são problemas intrínsecos de muitas sociedades ao longo da história e demandam análise ampla, buscando entender como essa ideologia é estruturada nos povos em geral e, posteriormente, como foi trazida para a sociedade brasileira.

1.1. Concepções do racismo

O racismo precisa ser analisado em sua essência e os estudiosos apontam três dinâmicas presentes em todas as sociedades racistas, a saber (MOORE, 2007):

a) A fenotipização de diferenças civilizatórias e culturais. Assim, o fenótipo passa a ser relevante para garantir a dominação, tornando simples a verificação de quem é o dominador e de quem é o dominado. Nesse caso, a relação de dominação é visível aos olhos, podendo descobrir-se rapidamente quem são os indivíduos pertencentes a cada um dos grupos.

b) A simbologização da ordem fenotipizada. Desse modo, se demonizam as características fenotípicas do vencido e se exaltam as do vencedor, o que ocorre de forma muito clara nas sociedades racializadas. Assim, a cultura, a religião e as práticas históricas do grupo etnicamente subalterno são consideradas impróprias.

c) O estabelecimento de uma ordem social baseada em hierarquização racial, sempre mantendo o grupo vencido em uma situação ideológica, política e econômica inferior. Com isso, são naturalizadas as diferenças, criando uma inquestionável sensação de superioridade da raça dominante, importando ressaltar que essa sensação se desenvolve no âmbito de toda a sociedade.

De acordo com os ensinamentos de Moore (2007), o racismo se baseia em uma estrutura para manutenção total do poder. Assim, temos:

- Supremacia no plano material – poder econômico e político fica, geralmente, restrito à raça dominante, excluindo-se a participação dos dominados no todo ou em grande parte.
- Supremacia no plano psicocultural – há um sentimento de superioridade da raça dominante, difundido na sociedade e que se apresenta tanto para os membros dessa raça quanto para os membros da raça dominada que acabam por incorporar tal sentimento como verdade.

Nas palavras de Moore (2007), pode-se ver destacada essa situação, quando dispõe que:

> *Concretamente, o racismo implica a seguinte situação: a supremacia total de um segmento humano que se autodefine como raça sobre outro segmento humano percebido como outra raça. Essa supremacia se expressa por meio de uma hegemonia irrestrita, tanto no plano material (poder econômico e político) quanto no plano psicocultural (sentimento de superioridade). Individual ou coletivamente, o racismo confere, ipso factu, vantagens e privilégios exclusivos segundo a posição que se ocupe na hierarquia de uma ordem racializada.*

Por óbvio, se torna difícil a sustentação desses privilégios, sem que haja uma revolta do povo subalternizado, razão pela qual se faz necessária a criação de uma ideologia que busque naturalizar a inferioridade racial, como se ela decorresse de diferenças biológicas e não fosse criada e alimentada com o intuito de manutenção de privilégios.

A ideologia é tão forte em determinadas situações que chega ao ponto de justificar uma negativa de si mesma, ou seja, a ideologia racista se baseia em negar a sua existência.

Nesse sentido, é importante vislumbrar que se formou a ideia de que o racismo foi uma construção ideológica com finalidade de atender à agenda política e econômica, portanto, o que o tornaria um processo permeável à lógica. Nesse sentido, o racismo seria ignorância ou indecência e seria vencido por meio de educação ou até mesmo por meios legais, abrangendo sua percepção individualizada.

Não deixa de ser verdade o entendimento de que a sociedade é racista e de que grande parte das pessoas o são. Todavia, a verdade é que o racismo se constituiu historicamente, tendo a ideologia surgido posteriormente para justificá-lo e garantir pacificação da raça dominada, evitando revoltas que poderiam provocar uma subversão dessa ordem hierarquizada, ensejando uma noção de inferioridade racial entre os seres humanos, em decorrência do seu fenótipo.

Ademais, a discussão acerca do ódio racial precisa ser feita à luz dos custos e benefícios que ele implica para os segmentos da sociedade. Assim, precisamos compreender que, desde o início, o racismo nasce em torno da luta pela posse de recursos.

Na antiguidade, esses recursos eram terras e bens. Posteriormente, os recursos foram a força de trabalho (escravidão) e ainda os recursos naturais como marfim, petróleo, entre outros.

Durante a expansão colonialista, o racismo serviu à agenda das nações europeias que precisavam escravizar os negros com o intuito de garantir mão de obra nas colônias. Logo, a subjugação dos negros africanos se torna justificada pela ciência, haja vista o entendimento de que o negro seria biologicamente inferior.

Desde a segunda metade do século XVIII e no século XIX, portanto, surgem, na Europa, teorias que visam justificar a escravidão e a subjugação dos indivíduos negros, com base em sua suposta inferioridade evolutiva, isso porque o iluminismo, baseado em um projeto liberal, tem como base os ideais de cidadania e de universalização dos direitos do homem e não se compatibilizaria com a aceitação da escravidão do ser humano e a subjugação de povos inteiros.

A justificativa moderna, então, se dá no sentido de que a civilização precisa ser levada aos povos "primitivos". Isso justificou o colonialismo que tinha como fundamento básico a desumanização do povo negro que seria subalternizado. Ianni (1996) bem explica o contexto histórico dessa estruturação ideológica de povos dominantes e dominados que justificaria a racialização das sociedades e subjugação desses por aqueles, ao dispor que esse tratamento diferenciado das raças:

> (...) começa principalmente com o mercantilismo, ou a acumulação originária, e desenvolve-se pelos séculos seguintes, alcançando tribos, nações e nacionalidades. Em diferentes modalidades, conforme os conquistadores europeus sejam portugueses, espanhóis, holandeses, franceses, ingleses ou outros, as mais diversas e distantes tribos,

nações e nacionalidades foram sendo alcançadas, conquistadas, associadas, subordinadas ou classificadas. Em alguns séculos, todo o mundo foi desenhado e todos os povos classificados: selvagens, bárbaros e civilizados, povos históricos e povos sem história, nações industrializadas e nações agrárias, modernas e arcaicas, desenvolvidas e subdesenvolvidas, centrais e periféricas (IANNI, 1996).

Com efeito, surgem teorias etnocêntricas que "comprovam" que os negros não possuem um melhor nível intelectual e que precisariam da intervenção de sociedades mais "evoluídas".

Almeida (2018) explicita que:

> A biologia e a física serviram como modelos explicativos da diversidade humana: nasce a ideia de que características biológicas – determinismo biológico – ou condições climáticas e/ou ambientais – determinismo geográfico – seriam capazes de explicar as diferenças morais, psicológicas e intelectuais entre as diferentes raças. Desse modo, a pele não-branca e o clima tropical favoreceriam o surgimento de comportamentos imorais, lascivos e violentos, além de indicarem pouca inteligência.

Lombroso (2013) funda a antropologia criminal, tentando impor a existência de um "criminoso nato", com determinadas características fenotípicas que poderiam ser observadas por todos. Assim, diante das "evidências" científicas, seria plenamente aceitável a condição subalterna dos negros, já que decorria da sua própria natureza, não podendo ser atribuída ao contexto social e político.

O colonialismo se desenvolve, sob esses argumentos, formando-se nas colônias, sociedades baseadas em toda a estrutura racializada das capitais europeias, partindo-se da premissa de superioridade do grupo étnico dominante (brancos europeus) e da marginalização de qualquer manifestação cultural diversa.

Logo, a forma de vestir, os padrões estéticos, a religião, o contexto educacional e toda a formação dessas sociedades se deu de forma a considerar normais e adequados os modelos impostos pelos colonizadores.

Com a queda do racismo "científico" em decorrência da evolução das pesquisas em ciências naturais, a discriminação étnica passa a ser apresentada de forma velada, por meio da formação estrutural da sociedade.

Na sociedade atual, os recursos vitais se definem em grande medida pelo acesso aos serviços, ou seja, pelo acesso à educação, saúde, poder político, capital de financiamento, oportunidades de empregos, estrutura de lazer e até pelo direito de ser respeitado pelo sistema de justiça. O racismo nega ou limita o acesso a tudo isso, deixando somente para uma parte da população (dependendo do seu fenótipo) os benefícios e vantagens da sociedade.

Nesse contexto, o racismo tem uma função clara e precípua de garantir os privilégios do segmento hegemônico da nossa sociedade, por meio da inferiorização estigmatizada do negro com o intuito único de tirar proveito da situação.

A consequência disso é que os recursos dessa sociedade ficam racialmente monopolizados. É indiscutível, portanto, que, nas sociedades multirraciais, a organização dos recursos é feita com base no fenótipo.

O que pode ser observado é que o racista não se apresenta, de forma expressa, como superior, mas ele vive uma vida superior econômica, política e socialmente falando, em relação àquele que ele oprime.

Moore (2007), mais uma vez, analisando as consequências do racismo nas sociedades atuais, dispõe que:

> *Se o racismo resiste hoje com a virulência que possui, expandindo-se cada vez mais, apesar de todos os nossos esforços morais e culturais e de todos os avanços no conhecimento científico sobre o desenvolvimento das sociedades humanas, é porque ele tem se convertido, ao longo do tempo, numa realidade tenaz, arraigada na consciência e na prática social, e que ele beneficia materialmente, em todos os sentidos, aos usufrutuários de um sistema racializado e fenotipocêntrico.*

Portanto, pode-se entender que o racismo se insere perfeitamente na dinâmica do século XXI como forma de excluir a raça dominada das oportunidades e da luta por melhores condições de vida. Nesse contexto, pode-se verificar que o racismo evolui constantemente e passa a ser mais refinado, cordial e educado, muitas vezes ludibriando, até mesmo, aqueles que sofrem com ele.

Moore (2007), de forma muito acertada, define que:

> *A globalização tem criado um novo modelo de relações raciais em que os subalternizados, cuja sorte é ainda pior, no entanto, vivem a ilusão de ver a si próprios mundialmente retratados em uma foto de família: sorridentes, com uma cor da pele mais clara, dotados de feições mais "finas"*

e plenamente integrados à nova cultura homogeneizada de massas que o capitalismo mundial promete a suas elites.

Para entender-se como o racismo funciona no contexto atual das sociedades, os estudos sociológicos passam a vislumbrar diferentes concepções desse comportamento. Na visão de Almeida (2018), podem ser verificadas três concepções do racismo na sociedade contemporânea.

Na primeira, denominada **concepção individualista**, o racismo é visto como uma patologia social, que deve ser outorgado a pessoas ou grupos isolados e são passíveis de combate por meio do ordenamento jurídico, nas esferas civil e criminal. Nesse caso, o racismo é ilegal, antijurídico e inaceitável socialmente.

Essa concepção retira o caráter social e institucional do racismo que passa a ser atribuído a grupos ou indivíduos específicos. Nesses termos, a sociedade condena esse tipo de comportamento, consoante se pode verificar em expressões comuns como "racismo é errado", "não se pode admitir isso em pleno século XXI". Nesses casos, o racismo é tratado sob a ótica do direito e se cria uma obsessão pela legalidade.

Os "homens de bem" não aceitam esse tipo de racismo e condenam todos aqueles que o praticam. Assim, a racialização é vista como conduta não chancelada ou sequer admitida pela sociedade.

A segunda concepção, denominada de **racismo institucional**, por sua vez, não se resume a atuações de indivíduos específicos, mas se baseia no funcionamento das instituições que atuam de uma forma que mantém privilégios e desvantagens em razão da raça.

Nesse contexto, a raça dominante impõe seus interesses políticos e econômicos. Assim, o racismo é dominação e os grupos que mantêm a soberania sobre a organização política e econômica detêm o poder. As práticas comuns à raça dominante se tornam padrões civilizatórios, mantendo sempre sua hegemonia nas relações sociais. A estética está ligada às características da raça dominante, assim como os padrões de conduta, religião, cultura. Além disso, os homens brancos (pertencentes ao grupo étnico dominante) detêm o poder nas instituições de comando do governo.

Obviamente, em muitos casos, para manter a hegemonia, o grupo dominante terá que manter o controle da instituição por meio da violência. Da mesma forma, para manter o controle da economia e das decisões relevantes de governo, o grupo dominante terá que fazer algumas concessões ao grupo étnico subalterno, dentro dos limites aceitáveis por essa população privilegiada.

O interessante é que esse racismo tem como maior característica demonizar a concepção individual do racismo e os atos diretamente preconceituosos, mas considera naturais as diferenças sociais entre as raças.

Nesse sentido, Almeida (2018) traz um exemplo bem esclarecedor ao tratar da matéria. Imagine que um terrorista branco invade uma igreja negra e assassina 5 crianças. Esse ato de racismo individual será condenado por toda a sociedade. No entanto, se 500 bebês negros morrem, por ano, de inanição e por ausência de saneamento básico, esse racismo institucional não gera indignação e sim indiferença por parte da sociedade.

Note-se que não há uma ação deliberada de todos os brancos contra os negros, mas sim uma consciente ou inconsciente neutralidade em relação aos problemas dos negros, já que tais problemas são institucionais.

Os brancos acabam sendo beneficiados pelas regras de natureza institucional, como, por exemplo, a exigência de "boa aparência" para a assunção de um emprego (lembrando que a boa aparência se baseia em um padrão da raça dominante).

Por fim, a terceira concepção defendida por Almeida (2018), o **racismo estrutural** se baseia na ideia de que as instituições refletem a estrutura social de determinada sociedade. Assim, pode-se dizer que as instituições são racistas porque a sociedade é racista.

Ou seja, o racismo não é criado pela instituição, mas por ela reproduzido. Logo, se o racismo está intrincado na sociedade, as instituições precisariam atuar de forma positiva para minimizar os efeitos dessa situação, mas a verdade é que elas refletem o contexto social.

Nesses casos, para que haja um efetivo combate às práticas racistas, as instituições precisariam combater o contexto social por meio da implantação de práticas antirracistas efetivas, por meio de ações afirmativas positivas de inclusão.

Ressalte-se, ainda, que a representatividade unicamente não é bastante para o combate ao racismo nas instituições. A presença de um negro em determinada instituição não significa que ela vai mudar sua forma de agir em relação ao conflito racial no Brasil.

Assim, além de o negro ter representatividade naquela instituição, ele precisa criar políticas de combate ao racismo e precisa ter poder para atuar.

Portanto, o racismo é estrutural porque decorre da própria lógica social, não se constituindo situação anormal ou patológica.

Vale lembrar que o racismo nasce como uma concepção criada para beneficiar as nações europeias, em decorrência do colonialismo, para justificar e tornar aceitável a formação da sociedade de trabalho baseada na escravatura implantada nas colônias.

A ideologia de raça, então, é impregnada no imaginário de toda a sociedade, fazendo com que tanto o grupo étnico dominante como o subalternizado passem a considerar as diferenças entre si como naturais e decorrentes da ordem lógica das coisas, destacadas do contexto político.

Esse entendimento contamina a formação da sociedade brasileira que já é concebida dentro de uma constituição racializada, consoante será demonstrado no capítulo seguinte.

1.2. Racismo e discriminação racial no Brasil

O estudo do racismo, no Brasil, não pode ser feito sem uma análise histórica da formação dessa sociedade, desde a implementação do regime escravocrata – que se baseava, ideologicamente, na aceitação de inferioridade da população negra, necessária para justificar sua desumanização – passando pela formação do mercado de trabalho após a abolição da escravatura (CARDOSO, 2019).

Precisa ser pontuado o modo como esse mercado de trabalho se faz excludente, afastando os negros libertos para a inserção de uma mão de obra branca composta por imigrantes, que têm uma função especial: a de garantir o "branqueamento" do povo brasileiro.

Os estudos de autores como Hasenbalg (2005) mostram que isso foi seguido pela criação de um mito de democracia racial, em que se considerava a ausência de racismo e o convívio harmonioso entre os grupos étnicos existentes na sociedade brasileira. Essa concepção é afastada pelos estudos sociológicos posteriores que mostram a racialização da estrutura societária do Brasil.

1.2.1. Aspectos históricos das relações raciais no Brasil

Em meados do século XVI, os africanos foram trazidos para o Brasil como mão de obra escrava para o agronegócio de cana de açúcar em expansão. Até 1850, quando foi banido o tráfico de escravos, 3,6 milhões de africanos haviam sido trazidos ao território nacional, sendo que o Brasil foi o último país da América Latina a abolir a escravidão, o que ocorreu somente em 1888 (VALLE, 2018).

Lara (2007) explica bem a formação dessa sociedade escravista, demonstrando não somente a exploração do trabalho, mas também a depredação cultural do africano. Gomes (2019) analisa a condição do negro escravo em uma perspectiva humanitária, demonstrando como a atividade escravocrata desumanizou esses indivíduos. Dispõe que:

> *A história da escravidão africana no Brasil é repleta de dor e sofrimento. Centenas de livros já foram escritos sobre o tema, mas, provavelmente, nenhum deles conseguirá jamais expressar as aflições de um único cativo dos milhões capturados na África, embarcados à força em um navio, arrematados como mercadoria qualquer num leilão do outro lado do oceano, numa terra que lhes era completamente estranha e hostil, onde trabalhariam pelo resto de suas vidas sob o chicote e o tacão de seu senhor (GOMES, 2019).*

É muito claro ao demonstrar a natureza coisificada na qual era inserido o escravo ao relatar carta escrita pelo padre Manuel da Nóbrega ao rei de Portugal, "alguns escravos, destes que comprei para a casa, são fêmeas, as quais eu casei com os machos e estão nas roças apartados, todos em suas casas, e busquei um homem leigo, que deles todos tem cuidado e os rege e governa" (MARCHANT, 1943, p. 84).

O tratamento desumano tinha como base epistemológica a justificativa de que os negros faziam parte de uma raça inferior e que as diferenças étnicas seriam decorrência da própria natureza desse grupo.

Cardoso (2019, p. 54), ao retratar a crueldade da escravidão ocorrida no Brasil, explicita que:

> *Aqui se revela o caráter tirânico da dominação escravista no novo mundo e no Brasil em particular, onde a escravidão foi especialmente cruenta e predatória: o senhor podia tomar qualquer decisão em relação à vida de seu escravo, segundo seu arbítrio. Se considerasse que um escravo o ameaçava, podia mandar cortar seus pés, ou cegá-lo, ou supliciá-lo com as habituais 200 chibatadas, ou matá-lo. A relação senhor/escravo não era um pacto, o senhor não estava obrigado a preservar a vida de seu escravo individual. Muito ao contrário, sua liberdade de tirar a vida daquele que coisificara era definidora de sua posição de senhor, tanto mais quanto o fluxo de escravos no mercado lhe permitia repor o plantel sem maiores restrições. A escravidão, entre nós, não foi apenas negação do escravo como pessoa (sua coisificação). Foi sua negação como ser vivo. Está-se falando de séculos*

> *de horror, em que a escravidão como dilapidadora dos corpos negros dos cativos e corruptora das mentes de seus senhores precisava ser reposta todos os dias, dia após dia com violência sempre renovada, destruidora constante de um dos polos da dialética hegeliana, que por isso precisava ser constantemente reposto.*

Indiscutivelmente, a escravidão, na sociedade brasileira, tinha base na desumanização da população negra e esse conceito ficou, durante muito tempo, inserido no subconsciente nacional.

Ressalta-se, portanto, a falta de importância cultural que foi propositadamente imposta aos negros na formação da sociedade nacional. Nesse sentido, Prado Junior (1999, p. 342) dispõe que:

> *Já notei acima que outro teria sido o papel do africano na formação cultural da colônia se lhe tivessem permitido, se não o pleno, ao menos um mínimo de oportunidade para o desenvolvimento de suas aptidões naturais. Mas a escravidão, como se praticou na colônia, o esterilizou e, ao mesmo tempo que lhe amputava a mor parte de suas qualidades, aguçou nele o que era portador de elementos corruptores ou que se tornaram tal por efeito dela mesma.*

Guimarães (2003) ainda acrescenta o fato de que foram criadas justificativas teológicas para a escravidão, baseadas na ideia de libertação espiritual desses povos. Sobre o tema, aduz que:

> *Construiu-se para a escravidão, primeiro, uma justificativa em termos teológicos e não em termos científicos. Todos conhecem, por exemplo, o mito de que os negros são descendentes de Cã, da tribo amaldiçoada de Canaã. Realmente, muitos escravocratas e fazendeiros achavam que tinham uma missão civilizadora, que estavam redimindo os filhos de Cã, descendentes daquela tribo perdida, trazendo-os para a civilização cristã, agora, para aprender o valor do trabalho (GUIMARÃES, 2003, p. 99).*

Seja com base em explicações científicas ou teológicas, a desumanização do negro foi fundamental para a formação ideológica de que a escravidão era correta e necessária. O fato é que o trabalho escravo era a melhor forma de garantir o desenvolvimento das colônias para sustentar o luxo das metrópoles e desistir desse tipo de mão de obra poderia custar caro aos exploradores.

Nesse sentido, Mattos (2001) demonstra como, apesar da consolidação dos estados modernos na Europa, foi muito importante para a formação da riqueza nas metrópoles europeias, a criação de uma sociedade originariamente desigual.

Da mesma forma Gomes (2019, p. 319-320) explica a importância do trabalho escravo no Brasil, originariamente, na exploração da cana de açúcar e, posteriormente, nas atividades urbanas e cafeicultoras. Informa o autor que:

> *A chegada dos primeiros escravos africanos coincide com o início do vertiginoso ciclo econômico que não só transformaria a paisagem brasileira, mas também os hábitos e costumes*

da Europa. Em 1641, a prosperidade gerada pelo açúcar era tão expressiva que o Rei D. João IV, em conversa com um diplomata francês, definira o Brasil como a vaca de leite de Portugal. [...]. A cultura do açúcar gestada nos trópicos caracterizava-se pelo binômio casa-grande e senzala, dos senhores de engenho e seus milhares de escravos, que a partir de então marcariam profundamente a identidade brasileira.

Pode-se, assim, iniciar a análise histórica da exploração de trabalho negro no Brasil, quando o trabalho escravo preponderava nos grandes centros, até a primeira metade do século XIX. Com a vinda da corte portuguesa para o Rio de Janeiro, fugindo das tropas de Napoleão Bonaparte, em 1808, há um considerável aumento da população portuguesa e se inicia a formação de centros urbanos.

Com o crescimento das cidades, surge a figura do negro de ganho que, diferentemente do doméstico, atuava na rua, vendendo seus serviços de artesanato, carregamento, prostituição, entre outros, para sustentar os seus senhores.

Assim, o mercado de trabalho nas cidades era composto por trabalhadores livres, incluindo os brancos, negros e mestiços e os escravos de ganho que prestavam serviços para sustento das famílias que o detinham.

Com o fim do tráfico de escravos – ao menos, o tráfico oficial – em 1850, o preço da mão de obra escrava sofre um considerável aumento e começa a ser absorvida pela produção de café que já era considerável no interior do Rio de Janeiro e se expandia para o oeste de São Paulo.

De fato, a expansão cafeeira se dá, inicialmente, baseada na força de trabalho escravo. Os negros libertos, em um primeiro momento, passam a prestar serviços nas cidades em atividades de subemprego ou oferecem sua força de trabalho no campo sem qualquer valorização. Posteriormente, com a chegada dos estrangeiros europeus, em sua maioria portugueses e italianos, a partir da segunda metade do século XIX, o contingente negro não encontra mais espaço no mercado de trabalho.

Não se pode esquecer que, no ano de 1850, foi promulgada a Lei de Terras (Lei nº 601/1850) que assegurava o direito de propriedade e a distribuição de terras para o grupo dominante, criando uma estrutura fundiária impenetrável para que o negro liberto pudesse ter acesso à propriedade de lotes e iniciar sua atividade agrícola, mesmo que de subsistência. Essa impossibilidade de acesso da população negra à terra decorria do fato de que o referido diploma legal somente permitia a aquisição de terras por meio da compra, não reconhecendo a posse como forma idônea de concessão de propriedade.

Por não possuir capacidade econômica de adquirir terras mediante compra e venda, a população afrodescendente perde as terras que ocupava como posseira.

O art. 1º dessa lei dispunha que:

> Art. 1º Ficam prohibidas as acquisições de terras devolutas por outro título que não seja o de compra (BRASIL, 1850).

De fato, verifica-se que o texto normativo prevê a compra e venda e a herança como únicas formas de aquisição da terra, excluindo a assunção de propriedade através da posse continuada. Isso impossibilita ao negro o acesso à propriedade de terras, mantendo os meios de produção nas mãos do grupo étnico dominante no país.

Sobre isso, Lopes (2014) expõe que:

Além de impedir que os escravos obtivessem posse de terras através do trabalho, essa lei previa subsídios do governo à vinda de colonos do exterior para serem contratados no país, desvalorizando ainda mais o trabalho dos negros e negras.

Quando a abolição ocorreu, os negros foram abandonados à própria sorte, não concedendo nenhum tipo de reparação, indenização e terras — mesmo que nenhum valor fosse suficiente por vidas inteiras de trabalho forçado e desumano. Não podiam cultivar a terra e não tinham dinheiro para comprá-la diretamente do estado (que, de qualquer forma, possuía o poder de determinar quem seria o dono das terras e certamente os negros não estavam no topo da lista). O que restou para a população negra foi a fuga para as cidades para viver em cortiços, dependentes, vendendo sua mão de obra a salários de fome.

Assim, sem acesso às terras e aos meios de produção, os negros migram para as grandes cidades, onde também não encontram reais oportunidades de inclusão, razão pela qual se amontoam em guetos e cortiços, dedicados a trabalhos braçais, sem qualquer exigência de qualificação e sem remuneração digna.

Em 1871, com a publicação da Lei do Ventre Livre, os produtores começam a estruturar a sociedade para substituir, de forma gradativa, o trabalho escravo pelo trabalho assalariado, sendo que, nesse caso, seria fundamental o aproveitamento da força de trabalho existente, inserindo o negro no mercado de trabalho e no contexto social da época.

A escravidão foi abolida em 1888 e é importante ressaltar que a transição para o trabalho assalariado não envolveu guerras e revoltas (LOPES, 2014). Em verdade, essa transformação se deu de forma relativamente suave, ou seja, sem ruptura de valores e se adequando às estruturas sociais vigentes à época. Em razão disso, o sistema aristocrático que estava vigente permaneceu e a sociedade se desenvolveu mantendo a classe privilegiada em seu espaço constituído.

A segregação dos negros libertos fazia parte da nova formação societária, embora já fosse fomentada antes mesmo do fim da escravidão, no que dizia respeito a esses negros libertos, conforme descrito por Berbel (2010, p. 85), acerca do tema:

> *Em Portugal e na Espanha, o que se pretendia no período era justamente a emulação do que garantira o sucesso material do sistema atlântico do noroeste europeu, ou seja, uma agricultura escravista altamente capitalizada nas áreas coloniais conectada ao desenvolvimento comercial acelerado na metrópole, todavia com a manutenção dos padrões seculares de incorporação segregada das populações de libertos e homens livres de cor.*

É nítido como a elite nacional não estava disposta a permitir a formação do mercado de trabalho pelo assalariamento dos negros libertos, por, entre outras coisas, serem eles considerados desqualificados para a atividade laboral remunerada. Assim, Cardoso (2019, p. 51) explicita:

> Os debates na assembleia legislativa daquela província, nos anos 1870 e seguintes, confrontando posições imigrantistas e contrárias, revelam a enorme resistência de parte majoritária da elite governante em incorporar o elemento nacional à lavoura de café por meio da combinação de incentivos monetários e repressão à vadiagem. A resistência combinava preconceito racial e desprezo pelo trabalhador livre nacional, visto como preguiçoso, não confiável e privado de mentalidade moderna (burguesa, acumulativa), já que se satisfazia com muito pouco e, portanto, não podia ser submetido ou disciplinado por incentivos pecuniários. Ademais, boa parte do elemento nacional tinha cor, e homem de cor, imaginava a mesma elite paulista, só se submete pela força e o látego. Parecia impensável tentar sua adesão voluntária ao trabalho.

Todavia, o grupo étnico branco dominante, preocupado em depender dos negros e mulatos libertos e com o intuito de buscar o "branqueamento" da população brasileira, através da miscigenação, decide implementar um programa de imigração incentivada de europeus, em sua maioria, italianos, que fugiam da crise econômica estabelecida nesse país. Com a chegada dos imigrantes, os ex-escravos ficam jogados a sua própria sorte, haja vista não terem condições de competir para a inserção no mercado de trabalho.

O que se pode verificar é que o negro foi libertado sem qualquer possibilidade de inserir-se no mercado produtor já que foi jogado em um mercado competitivo para o qual ele não foi preparado. Pior, o trabalho, até então símbolo de sua situação servil, passa a ser algo por que ele deve lutar. Os senhores não tiveram qualquer obrigação social com os ex-escravos que eles humilharam e separaram de suas famílias, decidindo utilizar uma nova mão de obra chegada da Europa.

Tratando do tema, Souza (2017) afirma que "ao perderem a posição de principal agente do trabalho, os negros perderam também qualquer possibilidade de classificação social".

O imigrante era considerado a esperança brasileira de progresso e, nesse contexto, o preconceito acabava por eliminar a concorrência do negro pelos postos assalariados. O trabalho seria a única forma de permitir-se alguma possibilidade de mobilidade social e os europeus eram os candidatos mais aptos a ocupar esse espaço. Assim, os negros – inseridos na sociedade como grupo étnico dominado – saem da condição de escravo (mercadoria) e passam a compor a camada social mais baixa na estrutura da formação societária brasileira.

A vinda dos imigrantes se deu, então, com subsídio do governo brasileiro, justificada com teorias de inferioridade dos negros libertos que seriam preguiçosos, incapazes para qualquer trabalho qualificado. As fugas de escravos das fazendas de café davam suporte a esse entendimento de que a indolência era "natural" do negro e que esse indivíduo não teria "aptidão" para atividades laborais.

A exclusão do contingente negro tem continuidade com o fim da escravidão, não havendo espaço para a sua absorção pelo mercado de trabalho remunerado, o que coloca esses indivíduos à margem da sociedade. É importante ressaltar a falta de aproveitamento da mão de obra negra, inclusive dos negros que tinham qualificação para as atividades requeridas.

Esses libertos, portanto, migram para as cidades, inchando a massa de indivíduos colocados à margem da sociedade. Alguns ficam desempregados, outros iniciam a prestação de serviços mal remunerados, o que dá início à formação do chamado mercado informal.

Assim, aos negros sobram os serviços mais pesados, criando uma desumanização ou animalização, por meio de sua serventia para tais atividades. Passa a ser estigmatizado como trabalhador desqualificado. A mulher negra se especializa nos serviços domésticos e acaba por sustentar famílias inteiras, o que justifica a "matrifocalidade" da maioria dessas famílias.

Nos últimos anos do século XIX, com o início da industrialização dos centros urbanos, a concentração de pessoas aumenta nas cidades e a mão de obra utilizada para assumir esses postos é, sobretudo, a europeia, por causa do estigma de desqualificação dado aos negros libertos para exercer tais atividades.

Surge, assim, o proletariado industrial composto, majoritariamente, pelos estrangeiros europeus. Aos trabalhadores negros, conforme explicitado anteriormente, restaram basicamente o desemprego e a economia informal, desqualificada e de remuneração muito baixa, inserindo esse grupo étnico na base da pirâmide social.

Para Theodoro (2008), "a ausência de oportunidades de trabalho para a população ativa liberada pela abolição foi uma das características mais importantes do processo de urbanização da cidade no início do século XX".

No mesmo sentido, a abolição da escravidão não veio acompanhada de nenhuma política de inserção social desses negros libertos, conforme apresentado por Corrêa do Lago (2014, p. 89):

> É verdade que os abolicionistas haviam conseguido a liberdade incondicional para os escravos, mas o Estado não tomou nenhuma medida complementar, como oferecer-lhes educação ou facilidades de acesso à terra. Inteiramente despreparados para o novo sistema de trabalho assalariado e para as relações de trabalho sob o modo de produção capitalista recém-adotado, muitos dos ex-escravos de São Paulo viram-se em uma situação na qual foram relegados às ocupações mais desqualificadas e mais inseguras.

Com efeito, percebe-se que a aglomeração de negros libertos nas grandes cidades se dá desde o final do século XIX, colocando esses indivíduos em situação de pobreza extrema, sem oportunidade para ascensão social ou, até mesmo, para o exercício de atividade remunerada de forma digna e condizente com suas qualificações. É assim que o grupo étnico de cor negra, como já aqui expresso, passa a ser identificado com as camadas mais baixas da população nacional.

Hoje, Santos (2019a) afirma, ao tratar do combate ao trabalho escravo contemporâneo no país, que a formação do mercado de trabalho foi preponderante para a existência das diferenças de oportunidades laborais nos diferentes grupos raciais e relata como isso influencia nesse mercado atualmente, dispondo também que:

> O contexto de libertação dos escravos e a ausência de políticas públicas para a sua inserção no mercado de trabalho, atrelada à importação de mão de obra europeia que chegava endividada,

> *estão na gênese das lutas que implicaram no reconhecimento da existência de trabalho escravo contemporâneo em nosso território (SANTOS, 2019a, p. 89).*

Outro fator relevante: o medo de rebeliões fez com que a sociedade criasse um estigma de que o negro era o inimigo da ordem, abrangendo, nesse sentido, o decoro, a propriedade. Assim, a polícia antes era usada – e hoje ainda o é – como forma de intimidação, repressão e humilhação. A morte de pobres e pretos continua sendo praticamente chancelada e aceita pela sociedade e pelo estado.

Assim, além de contribuir para incrementar e substituir a mão de obra negra, a chegada dos imigrantes tem a finalidade, ainda, de buscar um "branqueamento" da população brasileira, isso ligado a uma ideia de "evolução" necessária dessa sociedade.

Diante do levantamento histórico realizado, pode-se concluir que a escravidão foi associada a uma tortura física e psicológica do negro lhe retirando, até mesmo, a sua concepção individual de humanidade. Após a escravidão, foram largados à própria sorte sem autoestima e sem possibilidade de ascensão social, haja vista a reestruturação do mercado de trabalho, com a sua exclusão. Essa injustiça flagrante acaba por justificar a ordem social vigente no país até os dias atuais.

1.2.2. Racismo "científico" e teorias de inferioridade racial no Brasil

Consoante tratado em tópico anterior, desde a segunda metade do século XVIII e no século XIX, são criadas teorias que têm o intuito de explicar a escravidão e a subjugação dos indivíduos negros em decorrência de sua suposta inferioridade biológica. De fato, a dita falta de evolução da raça negra passa a ser a causa justificadora da utilização desses indivíduos como mercadorias e a imposição da cultura europeia como a única evoluída e civilizada.

No Brasil, as teorias de "racismo científico" que visam a comprovar a inferioridade do negro ganham relevo a partir de 1870 com o paulatino fim da escravidão.

É importante verificar que o período de 1880 a 1920, além do fim da escravidão, marca o surgimento da República, exaltando os direitos dos cidadãos e a garantia de dignidade. Assim, a ideologia racista se faz necessária para excluir o negro da sociedade, uma vez que haveria uma justificativa biológica que impediria sua participação na sociedade e seu enquadramento como cidadão de forma igualitária.

A sociedade não seria a responsável pela exclusão do negro e sim sua própria natureza que o impediria de atuar no mercado de trabalho em postos mais qualificados ou inserir-se no contexto social de forma adequada.

O racismo foi instituído, então, com base supostamente científica e não ideológica. O Estado jamais permitiria a marginalização dos indivíduos negros se eles fossem tão capazes quanto os brancos. Cabe ao Estado reconhecer a inferioridade natural dos negros e cabe a eles mesmos aceitarem sua posição no corpo social.

Jaccoud (2008), sobre o tema, assevera que:

> *Não mais separadas pelo direito de propriedade, pela história, religião ou cultura, as raças se separariam por desigualdades naturais. O enfrentamento dessas desigualdades seria, entretanto, identificado como uma exigência nacional, na*

medida em que somente um país branco seria capaz de realizar os ideais do liberalismo e do progresso.

Esse pensamento justifica a política de "branqueamento" da população adotada pelo Estado no final do século XIX, com a vinda de imigrantes europeus, o que será analisado no tópico seguinte.

1.2.3. A política de "branqueamento"

Dentro do contexto histórico explicitado anteriormente, somada às teorias que justificavam a inferioridade biológica dos negros, foi perpetrada uma atuação do Estado no sentido de tentar-se ofuscar ou, ao menos, diminuir os impactos da existência dos negros na sociedade brasileira. A percepção do indivíduo negro como menos evoluído influenciava a formação da sociedade brasileira que se via preocupada com o excesso de ex-escravos libertos, "incapazes para o trabalho qualificado" e "desqualificando" o corpo social existente.

Sobre o tema, bem assevera Schwarz (2008, p. 123) que:

> *A imigração europeia, fonte da mão-de-obra que substituiu a escassa mão-de-obra escrava no auge das plantações cafeeiras, continha em si a crença de uma natural superioridade da raça com uma ética própria para o trabalho. Em 1824, foi criada a primeira colônia alemã no Rio Grande do Sul (São Leopoldo). Em 1852, os cafeicultores paulistas começaram a contratar diretamente imigrantes na Europa, mediante financiamentos públicos. Através de contratos de parceria, os*

> *imigrantes vendiam o seu trabalho para o futuro: ficavam devendo as despesas com o transporte e as comissões dos contratos, além de outras despesas. Por outro lado, os escravos libertos não tinham trabalho, ficando sem condições de inserção social.*

Assim, o estado brasileiro passa a incentivar a vinda dos imigrantes europeus para compor a classe operária e assumir os postos de trabalho, nos campos e cidades, o que relegava os negros à margem da sociedade e, ao mesmo tempo, tentava implementar uma política de "embranquecimento" da população. Com efeito, a maioria dos eugenistas[3] brasileiros seguiram a linha neolamarckiana, argumentando que as deficiências genéticas poderiam ser superadas pela miscigenação, já que a raça branca seria dominante. Essa linha defendia a inferioridade do negro, mas entendia que isso poderia ser suplantado pela miscigenação e que o "branqueamento" da população era a solução para garantir o desenvolvimento da sociedade brasileira.

Gradualmente, a população negra iria sendo eliminada com a miscigenação, até que se conseguisse compor e estruturar uma população predominantemente branca. Nesse sentido, Telles (2004, p. 23) expõe que:

> *A partir da taxa mais alta de fecundidade entre os brancos e da crença de que os genes brancos eram dominantes, estes eugenistas concluíram que a mistura de raças eliminaria a população negra*

---

[3] Termo criado por Francis Galton, antropólogo inglês, definido como "o estudo dos agentes sob o controle social que podem melhorar ou empobrecer as qualidades raciais das futuras gerações seja física ou mentalmente" (GOLDIM, 1998).

e conduziria, gradualmente, a uma população brasileira totalmente branca.

Ao tratar da utilização da imigração como forma de "purificar" a sociedade brasileira, Azevedo (1987, p. 37) explica que:

> *Já em um segundo momento, que podemos localizar a partir dos anos 50, granjeando força principalmente nos anos 70, os emancipacionistas aderem às soluções imigrantistas e começam a buscar no exterior o povo ideal para formar a futura nacionalidade brasileira. A força de atração destas propostas imigrantistas foi tão grande que em fins do século a antiga preocupação com o destino dos ex-escravos e pobres livres foi praticamente sobrepujada pelo grande debate em torno do imigrante ideal ou do tipo racial mais adequado para purificar a "raça brasílica" e engendrar por fim uma identidade nacional.*

De fato, o "aprimoramento racial" do povo brasileiro se torna projeto de governo e o surgimento dos mestiços passa a ser visto como uma etapa para se atingir o ideal branco. Assim, o "moreno" já tinha garantida uma melhor inserção no contexto social da época.

Nesse diapasão, o Decreto nº 528 de junho de 1890 permite a livre entrada de imigrantes em portos brasileiros e lhes possibilita vantagens, excetuados os de origem africana e asiática que precisariam ter sua entrada autorizada pelo Congresso Nacional, uma vez que:

> Art. 1º É inteiramente livre a entrada, nos portos da Republica, dos indivíduos válidos e aptos para o trabalho, que não se acharem sujeitos á acção criminal do seu paiz, exceptuados os indigenas da Asia, ou da Africa que sómente mediante autorização do Congresso Nacional poderão ser admittidos de accordo com as condições que forem então estipuladas (BRASIL, 1890).

O art. 7º do mesmo Decreto previa a concessão de subvenção para as companhias de transporte que garantissem a entrada de imigrantes brancos europeus, fomentando a vinda desses indivíduos.

> Art. 7º O Estado concederá ás companhias de transporte marítimo que o requererem a subvenção de 120 francos pela passagem de cada immigrante adulto que ellas transportarem da Europa para os portos da Republica e proporcionalmente, na razão da metade daquella quantia pelos menores de 12 annos até 8 inclusive, e a quarta parte pelos desta idade até 3 annos, uma vez que as mesmas companhias se obriguem a preencher as formalidades constantes deste decreto, e a não receber dos immigrantes mais do que a differença entre a citada quantia e o preço integral das passagens; o que deverão provar com as declarações por elles firmadas, as quaes serão aqui verificadas no acto da chegada (BRASIL, 1890).

No mesmo sentido, o art. 20 prometia vantagens para os produtores agrícolas que implementassem o trabalho de imigrantes europeus em suas terras.

> (...) Art. 20. Todo o proprietario territorial, que desejar collocar immigrantes europeus em sua propriedade, tem direito aos favores constantes deste decreto, desde que sejam preenchidas as condições aqui estipuladas (BRASIL, 1890).

Além de todos os incentivos legais, se implementa o ideário de que o trabalho branco é bem mais qualificado – não obstante os negros estivessem acostumados com a maioria das atividades, sobretudo aquelas realizadas em fazendas de café. Os trabalhadores europeus seriam hipoteticamente mais dedicados e disciplinados, acostumados ao trabalho assalariado e, por isso, seriam responsáveis pela ascensão da economia.

Esse entendimento foi difundido de forma a contribuir, ainda mais, para a formação da sociedade racializada, existente até os dias atuais, que inferioriza as atividades dos negros e marginaliza sua cultura, suas manifestações e sua religião.

A grande massa de europeus imigrando para o Brasil com incentivo do governo federal deixou os eugenistas com o sentimento de que a população brasileira estava embranquecendo com sucesso. Em 1912, João Batista Lacerda apresentava uma conclusão no sentido de que 80% da população seria branca em 2012 (SCHWARCZ, 2011).

A imigração europeia cresceu nas últimas décadas do século XIX, com a chegada de 1,2 milhão de imigrantes europeus. Tudo isso feito com o intuito de melhorar as condições raciais da população brasileira.

Com efeito, a imigração em massa para ocupar os postos de trabalho impede a participação dos negros libertos, desencadeando um processo de marginalização dessa população e alocação desse grupo étnico na base da pirâmide social. Munanga (1999, p. 93), sobre o tema, explicita que:

> *Os defensores do branqueamento progressivo da população brasileira viam na mestiçagem o primeiro degrau nessa escala. Concentraram nela as esperanças de conjurar a 'ameaça racial' representada pelos negros. Viram-na como marco que assinala o início da liquidação da raça negra no Brasil.*

A exclusão do grupo negro não se deu somente no plano econômico, mas também no que tange ao acesso à educação. As escolas não permitiam a entrada de alunos negros e, quando o faziam, enfrentavam a revolta dos pais de crianças brancas, que ameaçavam a retirada dos menores daquela instituição. Domingues (2009) retrata claramente essa impossibilidade de participação do grupo étnico não branco nas instituições de ensino, quando afirma que "no campo educacional, a situação não foi diferente. O negro se manteve afastado dos bancos escolares ou quando teve acesso a eles foi com muitas dificuldades" (DOMINGUES, 2009, p. 968).

Atente-se para o fato de que a vinda dos imigrantes europeus no final do século XIX e início do século XX tem um significado relevante, uma vez que esses brancos se inseriram racialmente na classe proletária industrial.

Para Theodoro (2008), "a transição do trabalho escravo para o trabalho livre foi feita via intervenção direta e decisiva do Estado e sob inspiração da ideologia racista que então se consolidava".

Isso mostra a complacência da sociedade brasileira com os imigrantes brancos, contrastando com a forma preconceituosa com que foram recebidos os africanos. Assim, se forma uma sociedade que enxerga o grupo étnico mestiço como inferior.

Vale salientar que a busca pelo branqueamento e a exclusão do negro se mantém no Estado brasileiro por muitas décadas.

Já em 1945, o então presidente Getúlio Vargas publica o Decreto-lei nº 7967/45, com o intuito expresso de facilitar a imigração europeia e "melhorar" a composição étnica do país.

> *Art. 2º Atender-se-á, na admissão dos imigrantes, à necessidade de preservar e desenvolver, na composição étnica da população, as características mais convenientes da sua ascendência europeia, assim como a defesa do trabalhador nacional (BRASIL, 1945).*

A despeito de toda a exclusão perpetrada pelo Estado, seja por meio de incentivos à imigração, seja pela criação de restrições de acesso à terra, o fato de o negro não se ter inserido de forma mais qualificada no mercado de trabalho após a sua libertação, passa a ser argumento utilizado para reforçar as teorias acerca de sua inferioridade, como se dependesse somente dele a sua ascensão social, já que estava liberto e tinha como participar do mercado de trabalho em "igualdade de condições" com quaisquer outros.

De fato, o discurso da meritocracia é bastante utilizado para manutenção dos privilégios da raça dominante.

Trata-se de alegação indispensável à estabilização política desses privilégios, já que a pobreza, a privação, a ausência de oportunidades são justificadas pela ausência de mérito do indivíduo.

1.2.4. O mito da democracia racial no Brasil

A ideia da mistura racial, a partir da década de 1930, se torna um dos pontos centrais da identidade nacional, principalmente com a publicação do livro *Casa Grande e Senzala* de Gilberto Freyre. A miscigenação deixa de ter um significado pejorativo e passa a ser uma característica nacional aclamada e símbolo importante da formação da cultura brasileira.

Gilberto Freyre popularizou esse mito que dominou o pensamento de toda a sociedade brasileira desde 1930 até o final da década de 1980. Assim, o povo acreditava sinceramente que a sociedade brasileira estava livre do racismo que afligia o resto do mundo, tendo conseguido harmonizar negros, índios e europeus em um único povo. A democracia se baseava na formação de "um povo brasileiro" miscigenado e sem distinção de raça.

Telles (2004, p. 23), ao tratar do tema, descreve que Gilberto Freyre:

> *Nos anos de 1940, referiu-se ao Brasil como uma 'democracia étnica', onde o termo étnico pode ter sido usado em lugar da noção cientificamente falsa de raça. Ao usar 'democracia', estava se referindo à conotação espanhola do termo, que significava irmandade ou relações sociais fluidas, mais que uma referência a um tipo de instituição política.*

Freyre (2013) acreditava que a miscigenação decorreu da crença anterior do branqueamento, mas minimizava seus efeitos e se concentrava na sua importância para a formação do povo nacional. Em favor dos seus estudos e contrastando com a realidade brasileira, à época, os Estados Unidos da América tinham leis absolutamente segregadoras, o que fortalecia a ideia de que essa discriminação não pertencia à nossa cultura.

Nesse contexto, é relevante enfatizar que todo o mito de democracia racial trazia à baila um sentimento de que as barreiras existentes no Brasil seriam somente de classe e não de raça. Assim, o Brasil seria mais avançado do que os Estados Unidos da América nesse ponto, já que havia incorporado os africanos, criando uma sociedade multirracial, com um convívio harmônico.

Essa concepção retirava dos brancos qualquer responsabilidade pelo fracasso do grupo étnico subalternizado, haja vista o entendimento de que todos são iguais e tratados igualmente. Assim, aqueles mais qualificados terão oportunidades, independentemente de sua cor.

Acreditar na ausência de racialização da sociedade satisfazia os interesses do grupo branco dominante que poderia manter seus privilégios, considerando-os decorrentes, unicamente, da meritocracia individual. Ou seja, os negros não estavam no topo das relações sociais por ausência de mérito e nada mais.

Domingues (2005) bem asseverou sobre o tema que:

> As ideologias são imagens invertidas do mundo real e as relações sociais de dominação as produzem para ocultar os mecanismos de opressão. Assim, o mito da democracia racial era uma distorção do padrão das relações raciais no Brasil,

construído ideologicamente por uma elite considerada branca, intencional ou involuntariamente, para maquiar a opressiva realidade de desigualdade entre negros e brancos.

Na literatura, Amado (1935/1936/1958)[4] foi um grande defensor dessa ideia, exaltando a figura dos morenos e miscigenados como o sujeito brasileiro típico. A figura do "moreno" e da "morena" despontava como o brasileiro ou a brasileira por excelência e comprovava nossa imaginada harmonia racial.

Analisando o contexto histórico, cabe ressaltar que o Brasil tentava superar a crise financeira de 1929 e Getúlio Vargas recebeu apoio de toda a população (branca e não branca). Durante seu Governo, Vargas procedeu a algumas reformas relevantes que resultaram em uma maior integração regional, crescimento industrial e melhoria nas relações de trabalho. Desde a era Vargas, os brasileiros se orgulham do seu carnaval e futebol que, além de tudo, representam essa autoimagem de harmonia racial.

Uma exceção a essa ideologia foi a publicação, em 1951, da Lei Afonso Arinos, que tornou o racismo ilegal e punível, mas o intuito seria de punir atos isolados praticados por indivíduos que estivessem em dissonância com a nossa "realidade" de harmonia.

A garantia de igualdade, independentemente da cor do indivíduo, também estava nas Constituições Republicanas de 1934 e 1946. Todavia, se difundiu de forma tão veemente a ideia de democracia racial que se entendia que o Brasil

---

[4] Jorge Amado foi um escritor baiano que fazia grande apologia à figura da "morena brasileira". Autor de diversas obras tais como *Gabriela Cravo e Canela* (1958), *Jubiabá* (1935), *Mar morto* (1936), *Capitães da Areia* (1937).

sequer precisaria desses diplomas legais por ser um país não racista.

Freyre (2013), em 1962, usou pela primeira vez o termo "democracia racial" e, posteriormente, o governo militar foi pautado por essa ideologia política, principalmente com o crescimento econômico experimentado até 1985. O milagre econômico de 1968 a 1974 ajudou a sustentar essa ideologia e o Brasil foi campeão da copa do mundo de 1970, tendo como ícone dessa suposta democracia racial a figura de Pelé, um jogador negro, endeusado pela população brasileira[5].

Ignorando a realidade, o governo militar confirma expressamente a ausência de racismo, no Brasil, em relatório enviado para o CERD[6]. A mera menção de raça ou racismo ensejava sanções sociais. Quem mencionasse o tema seria rotulado como racista, o que não era aceito pela sociedade e pelos "homens de bem".

Na formação do Estado, verificou-se a importância da criação do conceito de nacionalidade, abarcando laços culturais, orgânicos e característicos de um povo. Esses elementos criam um imaginário social de unidade nacional, de pertencimento cultural. A nacionalidade não é natural, é decorrência da formação institucional do Estado.

Com efeito, a partir de 1930, no Brasil, com a criação do mito da democracia racial, as diferenças são transformadas

---

[5] Em entrevista à revista Veja de 15 abr. 1970, Gilberto Freyre ressalta a existência de democracia racial no Brasil (FREYRE, 1970).

[6] A Convenção Internacional sobre a eliminação de todas as formas de discriminação racial (ICERD, do inglês *International Convention on the Elimination of All Forms of Racial Discrimination*) é um dos principais tratados internacionais em matéria de Direitos Humanos. Foi adotada pela Assembleia Geral das Nações Unidas, em 21 de dezembro de 1965, entrando em vigor em 4 de janeiro de 1969.

em diversidade cultural e passam a fazer parte da paisagem normal da nossa sociedade.

Todavia, não se pode deixar de ressaltar que, não obstante o ideário de igualdade entre as raças, o grupo étnico dominado (negro) ocupava majoritariamente a base da pirâmide social brasileira. Assim, a busca pela meritocracia sustentava a ideia de democracia racial, por atribuir ao negro a culpa pela sua pior condição social (ALMEIDA, 2018).

Em outras palavras, o mito de existência de uma igualdade entre as raças reforçava a concepção de superioridade dos brancos que se encontrariam em situação de privilégio unicamente em razão do mérito de seus indivíduos e, contrariamente, faltava mérito suficiente ao contingente negro para modificar a realidade social vigente. Nesse sentido, descreve que:

> No Brasil, a negação do racismo e a democracia racial sustentam-se pelo discurso da meritocracia. Se não há racismo, a culpa pela própria condição é das pessoas negras que, eventualmente, não fizeram tudo que estava ao seu alcance. Em um país desigual como o Brasil, a meritocracia avaliza a desigualdade, a miséria e a violência, pois dificulta a tomada de decisões políticas efetivas contra a discriminação racial, especialmente por parte do poder estatal (ALMEIDA, 2018).

Moore (2007), ao tratar do tema, designa esse tipo sociedade – que não admite expressamente a existência de racismo – de "pigmentocrática" e a considera a mais complexa de todas e, por isso, mais difícil de ensejar qualquer tipo de mudança.

No Brasil, vivia-se esse tipo de realidade social que buscava manter a relação aparentemente harmoniosa entre as raças e com um alto custo, tal como o imobilismo social, o obscurantismo cultural e o desmoronamento ético da sociedade.

Nesse sentido, era comum ouvir alegações de que "somos todos miscigenados" e de que "nenhum de nós é branco", inclusive, como forma de afastar a existência de racismo, criando uma aparente sociedade igualitária, onde as diferenças sociais não estariam atreladas à cor do indivíduo. Com efeito, desde 1930, os estudos antropológicos foram realizados com o intuito de tranquilizar o povo brasileiro, ressaltando o caráter harmônico das relações raciais.

Partia-se do pressuposto que todos são iguais e que o espaço de cada um decorreria do seu esforço e mérito individual. Isso tornava qualquer ação afirmativa que buscasse facilitar a inserção do negro um "privilégio" indevido que punha em risco o "convívio harmônico" entre as raças. Com isso, o discurso de democracia racial acabou por dificultar qualquer tipo de ação contrária ao racismo, inclusive com a possibilidade de taxar-se o Estado de "racista às avessas", causando desordem e pondo em conflito as raças no Brasil.

Os governantes autoritários estavam bem conscientes do racismo, mas temiam um conflito racial como o que ocorria nos EUA. A ideia era de que não haveria qualquer tipo de racismo no Brasil desde que o negro ficasse "no lugar dele".

1.2.5. Contestações acadêmicas à democracia racial

No final da década de 1950, Florestan Fernandes tornou-se pesquisador brasileiro da UNESCO e suas conclusões surpreenderam os patrocinadores, por ser a primeira contestação de peso à democracia racial brasileira. Atacou essa ideologia, considerando-a um mito e concluiu que os brancos continuavam a beneficiar-se de um racismo sutil que lhes concedia privilégios. No entanto, nessa fase inicial, considerava que esse racismo sumiria com o desenvolvimento do capitalismo.

Nesse contexto, surge uma nova geração de pesquisadores que se dedicam ao estudo do racismo no país. Como foi visto, a primeira geração de pesquisadores, baseada nos trabalhos de Gilberto Freyre (1900-1987), defende a ideia da democracia racial, entendendo que o Brasil seria uma sociedade inclusiva. Consoante explicitado alhures, essa concepção foi desenvolvida a partir da década de 1930 e entendia que a desigualdade racial seria fruto da escravidão e que estaria resolvida em pouco tempo. Ou seja, as diferenças sociais seriam fluidas e não seriam decorrência do preconceito de raça. As diferenças de classe entre negros e brancos seriam baseadas em um contexto histórico de escravidão, mas estavam prestes a serem resolvidas com o passar do tempo.

A segunda geração desafia a anterior e defende que, no Brasil, há exclusão racial. Alguns sociólogos, no final da década de 1950, passaram a considerar que a democracia racial seria um mito. Assim, Fernandes (1965) concluiu que o racismo era generalizado na sociedade brasileira, impedindo que os negros competissem com os brancos em igualdade de condições.

Outros estudiosos dessa nova geração passaram a ter uma visão diferente acerca da equalização do racismo com o desenvolvimento capitalista. Hasenbalg (1992), por sua vez, concluiu que o racismo era plenamente compatível com o desenvolvimento do capitalismo no Brasil e acreditava que a dominação racial e o *status* inferior dos negros era totalmente compatível com a estrutura capitalista contemporânea, porque atendia a interesses simbólicos da população branca dominante, por meio da desclassificação dos não brancos como concorrentes de qualidade.

Passou a prevalecer o entendimento de que a ficção criada no sentido de que negros e brancos possuiriam as mesmas oportunidades e que a miscigenação era fruto da nossa diversidade cultural não se sustentava diante de uma realidade diferente, em que a miscigenação havia sido forçada, muitas vezes, com o intuito de "embranquecimento" da população e que a cultura branca era sempre aceita como a verdadeira e ideal, enxergada como paradigma para os demais grupos étnicos.

Sobre o tema, Nascimento (1978) aduz que:

> *O imperialismo cultural branco, sem máscaras, num movimento de aparentes trocas de influências, foi rotulado entre os eruditos convencionais de sincretismo religioso. Esta expressão ignora o fato desse termo ser apenas legítimo se tal troca ocorrer numa atmosfera de espontaneidade.*

Acrescenta Nascimento (1978), ainda, que "de fato, a cultura afro brasileira esteve submetida a uma imposição flagrantemente violenta de sincretização forçada". Para o autor "neste pretensioso conceito de 'democracia racial', apenas um dos elementos raciais tem qualquer direito ou poder: o branco..", ressaltando que esse grupo "controla os meios de disseminação da informação, os conceitos educacionais, as definições e valores" e concluindo que "outro instrumento mortal neste esquema de imobilização e fossilização dos elementos vitais e dinâmicos da cultura africana é encontrado na sua marginalização como simples folclore: uma forma sutil de etnocídio".

Essa dominação e as desigualdades dela decorrentes persistem até o presente momento, como será analisado a seguir.

2. Os impactos do racismo no Brasil Contemporâneo

Conforme explicitado anteriormente, pode-se conceituar o racismo de forma genérica, como uma forma sistemática de discriminação que se baseia na cor da pele do indivíduo e em outras características fenotípicas inerentes à sua raça e se faz de forma consciente ou não, ensejando privilégios a determinados grupos e desvantagens a outros em razão da etnia.

Muito embora não se confunda com o preconceito racial – que se baseia em estereótipos que podem ou não resultar em ações discriminatórias específicas, como a ideia de que judeus são avarentos e negros são violentos –, o racismo pode e costuma ser fomentado por ele.

A discriminação racial, por sua vez, é o tratamento diferenciado a indivíduos em razão de sua cor. Ela pode ser direta (repúdio ostensivo) ou indireta (situações nas quais a situação precária de grupos minoritários é negligenciada – *colorblindness* ou neutralidade racial).

Pode-se perceber nos conceitos apresentados que, no Brasil, a chamada neutralidade racial é a maior forma de discriminação, uma vez que o grupo branco privilegiado opta por não enxergar as diferenças sociais existentes em razão da raça ou atribui-las à meritocracia, deixando sob a responsabilidade do próprio negro sua inferioridade em razão da suposta falta de mérito.

Consoante se demonstrará, essa postura de neutralidade e de privilégio do mérito é o discurso utilizado, ainda modernamente, pelas grandes corporações para explicar a ausência de negros nos postos elevados de trabalho.

O racismo, por sua vez, tem um caráter sistêmico, não se baseando em um único ato discriminatório, mas sim em um conjunto de atos que atribuem privilégios a uma raça em detrimento da outra.

Apesar de todas as contestações científicas, grande parte da população brasileira ainda se nega a enxergar o racismo em sua concepção estrutural. Ao grupo étnico dominante interessa a manutenção da falácia de democracia racial, ainda que não aceita pelos estudiosos, haja vista a garantia de manutenção de seus privilégios.

Ocorre que, cada vez mais, a sociedade consegue vislumbrar o racismo estrutural presente no país, diante da extrema desigualdade social existente entre as raças, pelo fato de que o grupo étnico subalternizado está, em sua maioria, alocado nas camadas baixas da população e com precárias condições de subsistência.

O fato é que, embora muitas vezes seja travestida apenas de discriminação de classe, a discriminação racial é um fenômeno que dita as regras da sociedade brasileira atual, impactando diretamente nessa estratificação social. Essa situação é claramente demonstrada se for levado em consideração o fato de que "a maioria dos pobres é negra, e de que a imagem do pobre no Brasil está diretamente associada à negritude. Nesse sentido, o racismo, o preconceito e a discriminação operariam integrados a um importante processo de naturalização da pobreza" (JACCOUD, 2008).

Com efeito, os pretos e pardos, em sua maioria, não têm acesso aos privilégios da sociedade, tais como educação de qualidade, moradia digna, saúde pública, melhores condições de ocupação e renda, condições sanitárias e de segurança.

Florestan Fernandes chamou o processo racialista presente na sociedade brasileira, ainda nos tempos atuais, de "metamorfose do escravo" (FERNANDES, 1965). Ou seja, a expressão negro ou preto não representa a cor da pele, mas sim a subalternidade daquele sujeito.

Assim, o racismo, atualmente, é apresentado pela contradição de se afirmar que o negro tem amplo direito à cidadania, com prerrogativas formais, contrastando com o fato de que esses direitos são ignorados, além de serem esses indivíduos limitados pela violência policial cotidiana e pela pobreza extrema.

O racismo, então, se perpetua ligado às diferenças de renda, educação, saúde e participação social. Assim é o racismo brasileiro, travestido e disfarçado de antirracismo.

É importante analisar que a intensidade da desigualdade de renda no Brasil destoa do resto do mundo, despontando como um país marcado pela ausência de justiça distributiva. O maior problema é que a situação se mantém durante tanto tempo que passa a ser considerado natural pela própria sociedade, resultando em um "acordo social" excludente, em que a cidadania não é garantida para todos (HENRIQUES, 2001).

Os direitos fundamentais, as oportunidades de vida são absolutamente distintas para cada parcela da sociedade, sendo ofertados privilégios a poucos em detrimento de muitos.

Dentro desse contexto, a desigualdade racial precisa ser colocada como um dos elementos centrais da discussão de classe. A pobreza é, sem dúvida, um dos maiores problemas econômicos e estruturais do Brasil e o combate a esse problema precisa passar por políticas públicas que levem em consideração que as diferenças sociais decorrem da desigualdade racial. Se for desnaturalizada a desigualdade racial, consegue-se desnaturalizar também a discrepância social e econômica.

2.1. Questão racial no centro da questão social. Classe e raça no Brasil

Não se pode entender o problema racial, sem uma profunda análise acerca das questões de classe no Brasil moderno, já que os conflitos centrais de uma determinada sociedade, em regra, se pautam nas relações de dominação entre classes sociais.

Assim, precisamos entender que as classes não são definidas unicamente pelas relações econômicas, o que é um equívoco comum ao liberalismo dominante e ao marxismo. Enfim, se a classe for percebida somente como fato econômico, serão cometidos muitos erros na análise da estrutura da sociedade brasileira.

A verdade é que o erro de percepção acerca das classes é cometido de forma proposital pelo Estado e pela mídia. Quando se nega a existência de classes, nega-se a injustiça e a desigualdade. Ao difundir-se a ideia de que todos são iguais e a meritocracia deve gerir todas as relações sociais, afirma-se que todos os indivíduos estão competindo em condições equânimes, de forma muito justa e merecida. Se muitos não obtiverem os escassos recursos, isso é devido a sua incapacidade ou à falta de perseverança.

Vê-se, assim, que a ausência de consciência de classe é necessária para manter-se a situação de dominação. E ligar a classe ao tamanho de sua conta bancária (dividindo a sociedade em classes A, B, C, D e E) é permitir a manutenção desse engodo e dificultar a sensação de pertencimento, tão importante para a formação daquela consciência.

O que fica fragilmente explicado é por que algumas pessoas têm um salário de R$900,00 enquanto outras recebem R$500.000,00 em um mês. Logo, o entendimento de que a divisão de classes deve-se pautar somente na quantidade de dinheiro dos cidadãos é um equívoco.

A definição de classe social precisa considerar a origem, a socialização familiar primária e a posse daquilo que estudiosos vêm denominando de capital econômico, cultural e social que serão analisados a seguir. Souza (2017), de forma apropriada, dispõe que:

> As classes sociais só podem ser adequadamente percebidas, portanto, como um fenômeno, antes de tudo, sociocultural e não apenas econômico. Sociocultural posto que o pertencimento de classe é um aprendizado que possibilita, em um caso, o sucesso, e, em outros, o fracasso social. São os estímulos que a criança de classe média recebe em casa para o hábito de leitura, para a imaginação, o reforço constante de sua capacidade e autoestima, que fazem com que os filhos dessa classe sejam destinados ao sucesso escolar e depois ao sucesso profissional no mercado de trabalho. Os filhos dos trabalhadores precários, sem os mesmos estímulos ao espírito e que brincam com o carrinho de mão do pai servente de pedreiro, aprendem a ser afetivamente, pela identificação com quem se ama, trabalhadores manuais desqualificados. A dificuldade na escola é muito maior pela falta de exemplos em casa, condenando essa classe ao fracasso escolar e mais tarde ao fracasso profissional no mercado de trabalho competitivo.

Portanto, ainda tomando por base os estudos de Souza (2017), vale ressaltar que o primeiro aspecto que é transmitido dos pais é a capacidade de pensamento prospectivo e a consequente capacidade de concentração que nada mais é do que a condição de enxergar o futuro para cuja realização está disposto a se sacrificar no presente.

Essa condição humana de estar disposto a fazer renúncias em prol do futuro é transmitida aos filhos da classe dominante que, sem essa capacidade de concentração, teriam maior dificuldade de aprendizado e crescimento na vida profissional. É o que Souza (2017) denomina de "patrimônio de disposições" e ele vai ser preponderante para a melhor condição de vida no futuro do indivíduo. É evidente que a grande maioria dos trabalhadores precarizados não pode contar com isso.

Assim, faz-se necessário analisar as classes com base em seu aspecto econômico e sociocultural.

O **capital econômico** é relevante na formação das classes diante do fato de que a propriedade de valores garante uma melhor condição de vida e o acesso aos privilégios da sociedade.

O **capital cultural** se apresenta pelos estímulos que as crianças de classe média e alta recebem de seus pais, tais como o hábito de leitura, o reforço de construção de sua capacidade e autoestima, o estímulo à imaginação, entre outros. Todo o trabalho feito em benefício do desenvolvimento pleno dessas crianças contribui para que elas sejam destinadas a um provável sucesso futuro.

Esses filhos da classe dominante são estimulados à leitura desde cedo, além do estímulo à fantasia por meio de histórias e do acesso a línguas estrangeiras. Tudo isso forja o sucesso escolar do aluno e o posterior sucesso profissional, inclusive tendo os pais como espelhos para esse sucesso.

Já os filhos das classes populares não recebem tais estímulos e se identificam com seus pais – trabalhadores não qualificados e precarizados. A dificuldade na escola é imensa pela falta de exemplos em casa, condenando essas crianças, salvo raras exceções, ao fracasso escolar e posterior fracasso no mercado de trabalho.

Nas famílias mais pobres, ainda nos casos em que os pais estimulam os filhos a estudar, esse estímulo é ambíguo, já que essas crianças enxergam que a escola pouco fez para mudar a vida dos seus pais. O aprendizado afetivo aqui aponta para a criação de um trabalhador desqualificado no futuro. Além disso, os estímulos à leitura e imaginação são menores, o que dificulta a concentração em sala de aula, já que essa capacidade não é inata e sim construída.

Além disso, é relevante destacar que a formação humana decorre do reflexo daqueles a quem se ama, razão pela qual os privilégios de uma classe ou a ausência deles em outra, em geral, se reproduzem de geração em geração.

No caso brasileiro, as classes populares se confundem, em sua maioria, com o grupo étnico subalternizado, composto pelos indivíduos anteriormente escravizados e negros libertos. Essa análise faz entender que as gerações anteriores dos negros que ora compõem a base da pirâmide social, conforme demonstrado no capítulo anterior, não apenas foram abandonadas, mas também humilhadas e discriminadas.

Por fim, o **capital social** se refere às relações pessoais que geram uma grande vantagem na competição pela utilização dos recursos escassos. O fato é que as relações sociais abrem portas em todo o mundo (é o chamado *network*). Os filhos de um poderoso empresário terão maior facilidade de acesso a bons empregos e boas posições do que os filhos de um trabalhador precarizado. A expressão popular "QI" (quem indica) representa a ideia do capital social e perpetua os privilégios da classe dominante ao longo das gerações.

A soma desses três capitais (econômico, cultural e social) é a chave para o sucesso. Por isso, existe uma luta de classes, não só para ter acesso a esses capitais, mas também para monopolizá-los. Para que o país seja desenvolvido, no contexto social, ele deve impedir a monopolização desses capitais por um único grupo étnico, o que ocorre no Brasil. De fato, o grupo étnico dominante, composto pelos brancos, domina os capitais e, em razão disso, se coloca, geração a geração, no topo da pirâmide social.

O mais importante é explicar que se busca naturalizar a disputa por boas condições de vida como se todos esses capitais fossem características inatas dos filhos das classes dominantes, o que faz prevalecer o entendimento de que o crescimento pessoal de cada um se baseia somente na meritocracia. Assim, legitimam-se as diferenças.

O capital econômico é transmitido pela herança familiar e o capital cultural é adquirido pela convivência familiar. A classe dominante possui capital econômico suficiente para comprar o tempo livre de seus filhos a fim de que eles o dediquem somente aos estudos e à obtenção de capital cultural, enquanto os filhos pertencentes às classes mais populares precisam trabalhar desde cedo para ajudar os pais.

Depois, fica tudo bem determinado; as crianças oriundas da classe dominante, detentoras do capital cultural, passam pela escola absorvendo a maior quantidade de conhecimento possível. Como também são detentores do capital social, terão acesso às posições qualificadas de trabalho. Posteriormente, tudo isso é exaltado como mérito individual e inato. Por outro lado, percebe-se que os pobres, em sua maioria negros, precisam lutar pelos escassos recursos sem possuir nenhum desses capitais.

Além de tudo, constata-se que, aos negros, foi deixado o deboche, o desrespeito e a violência. Diante disso, é muito difícil criar seus filhos com autoestima e autoconfiança. Essa visão acaba sendo aceita pelos próprios atores desse grupo étnico e a violência acaba se refletindo dentro da própria casa, inclusive com abusos sexuais. Ou seja, o grupo étnico subalternizado, no Brasil, não sofre somente da pobreza econômica, mas sim da pobreza em todas as condições de vida. Assim, se produzem cidadãos, muitas vezes, com carências afetivas, cognitivas e morais, menos aptos para a competição social.

A própria matança dos pobres comove muito poucos da classe privilegiada. É dessa forma que os pobres vivem no Brasil, servindo somente para os serviços manuais, penosos, sujos e perigosos, a baixo preço, para garantir o conforto da classe dominante.

2.2. A identificação dos negros com as classes sociais pauperizadas

Feitas essas considerações, pode-se perceber uma associação entre a população preta e parda e as classes sociais subalternizadas, em razão da dinâmica histórica e da sua perpetuação no imaginário da sociedade.

Assim, como o negro se torna a materialização e o reflexo dessa classe subalternizada da sociedade, as mazelas da falta de oportunidade recaem sobre esse grupo racial.

É como se o negro tivesse "seu lugar na sociedade" e isso decorresse de sua própria condição humana; Telles (2004, p. 186) afirma que "a grande desigualdade vertical no Brasil pode também ser explicada pela economia, somada às decisões de Estado".

Logo, quando um negro, excepcionalmente, se destaca e ascende no contexto social, esse fato ratifica o discurso de que tanto o sistema é meritocrático e igualitário que ele conseguiu, chancelando a manutenção de privilégios para a classe dominante, composta, em regra, pelos brancos.

Para se ter uma ideia efetiva das condições do negro na sociedade atual, se faz necessário considerar alguns aspectos relevantes para a análise da qualidade de vida e a repartição desses serviços entre os atores sociais.

2.2.1. Mercado de trabalho

O acesso ao mercado de trabalho e a média de renda do trabalhador são indicativos das diferenças da condição de vida entre negros e brancos na sociedade brasileira. Em média, os negros têm salários menores e trabalham em condições mais precárias, demonstrando como a cor é relevante para a definição de posições em postos de trabalho. Mesmo aqueles negros que possuem instrução formal, em sua maioria, têm grande dificuldade de acesso ao mercado de trabalho em posições condizentes com sua qualificação.

As taxas de desemprego também demonstram mais um fator de desigualdade racial. As taxas de desemprego dos homens e mulheres negros são maiores que as dos seus correspondentes brancos em todos os anos dessas últimas décadas.

A partir da análise direta de dados do IBGE (2018), pode-se verificar essa desigualdade. De fato, o Gráfico 1, que trata da taxa de desocupação dos brasileiros no ano de 2018[7], explicita que os negros sofrem mais com a desocupação do que os brancos.

Gráfico 1: Taxa de desocupação das pessoas de 14 anos ou mais de idade por cor ou raça, Grande Regiões, Unidades ou Municípios das Capitais – 2018

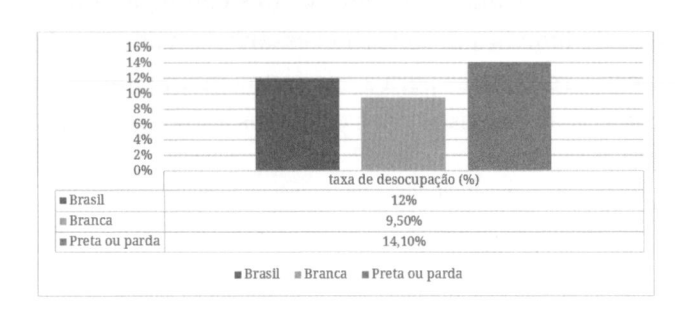

	taxa de desocupação (%)
Brasil	12%
Branca	9,50%
Preta ou parda	14,10%

Fonte: IBGE (2018)

Nota-se, analisando o gráfico 1, que a taxa de desocupação de negros e pardos é quase 5 (cinco) pontos percentuais maior que a dos brancos, demonstrando que quase 15% da população negra estava desempregada no ano de 2018.

Outra dimensão importante, que demonstra mais claramente a discriminação, diz respeito à distribuição setorial dos postos de trabalho. Essa nos permite analisar:

a) Grau de informalidade
b) Grau de assalariamento formal
c) Grau de industrialização – proporção de pessoas ocupadas na indústria de transformação
d) Grau de modernidade – trabalhadores engajados em serviços modernos

---

[7] Conteúdo do diretório de indicadores sociais relacionados a desigualdade por cor ou raça. Disponível em: ftp://ftp.ibge.gov.br/../Indicadores_Sociais/Desigualdades_por_Cor_ou_Raca/ods/. Acesso em: 01 abr. 2020.

Da análise de reportagem feita pelo *site* de notícias "globo.com", baseada em dados do PNAD do ano de 2019, pode-se chegar a algumas conclusões importantes:

1 – O grau de informalidade dos trabalhadores negros é maior do que dos brancos ao longo de toda a década atual. A referida reportagem informa que "dos 23,2 milhões de pretos e pardos empregados no setor privado no país no terceiro trimestre deste ano (de 2019), 16,6 milhões tinham carteira de trabalho assinada" (SILVEIRA, 2017).

Os dados da Pesquisa Nacional por Amostra de Domicílio (PNAD), referentes a 2018[8], também confirmam essa situação, ao demonstrar que quase metade dos negros – 47,3% para ser mais específico – atua no mercado de trabalho em atividades informais. Entre os brancos, essa informalidade não ultrapassa 34,6%.

Gráfico 2: Proporção de pessoas de 14 ou mais idade ocupadas na semana de referência em ocupações informais, por cor ou raça

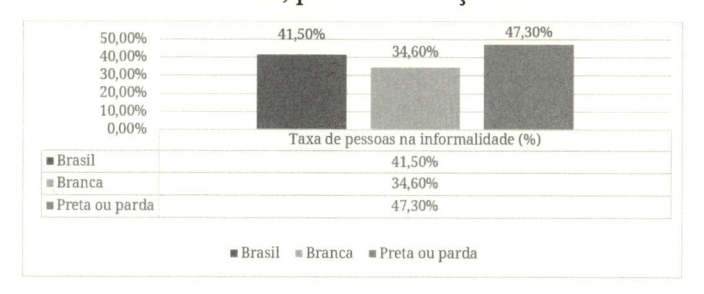

	Taxa de pessoas na informalidade (%)
Brasil	41,50%
Branca	34,60%
Preta ou parda	47,30%

Fonte: IBGE (2018)

2 – O grau de assalariamento é maior entre os brancos. Consoante os dados do IBGE (2018) coletados na reportagem,

---

[8] Conteúdo do diretório de indicadores sociais relacionados a desigualdade por cor ou raça Disponível em: ftp://ftp.ibge.gov.br/../Indicadores_Sociais/ Desigualdades_por_Cor_ou_Raca/ods/. Acesso em: 04 maio 2020.

pretos e pardos recebem, em média, R$ 1.531 – quase a metade do rendimento médio dos brancos, que é de R$ 2.757.

Note-se que os dados se confirmam no gráfico 3 que demonstra que, em 2018, o rendimento-hora médio real habitual do trabalho principal das pessoas de 14 anos ou mais de idade ocupadas varia de acordo com a raça do indivíduo.

Gráfico 3: Rendimento-hora médio real habitual das pessoas com Ensino Superior completo ou mais

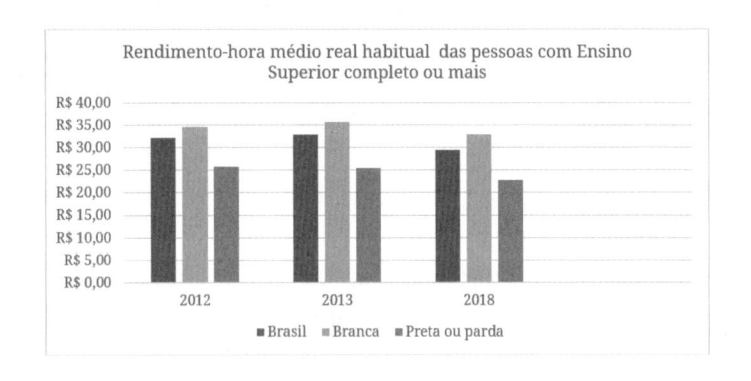

Fonte: IBGE (2018)

Esses dois itens, em conjunto, permitem verificar que, para os negros, há uma maior precariedade na distribuição de postos.

A situação se mantém nos anos seguintes. Matéria publicada pelo Jornal Estado de Minas, com base em dados do PNAD, demonstrou que, no ano de 2019, a "taxa de desemprego de pretos e pardos continua bem acima da taxa de brancos". (IBGE..., 2019).

A reportagem apresenta dados do PNAD do ano de 2019 e conclui que "a taxa de **desemprego** entre os brasileiros que se declaram brancos (9,5%) permaneceu significativamente abaixo da taxa de **desocupação** dos autodeclarados **pretos** (14,5%) e **pardos** (14,0%) no segundo trimestre" (IBGE..., 2019).

Culolo (2019) também apresentou dados acerca dos desalentados no Brasil – assim considerados aqueles que desistiram de buscar trabalho, dada a falta de esperança, não obstante estejam disponíveis. A reportagem, baseada em dados de estudo do Instituto Brasileiro de Economia (IBRE), afirma que 73% dos desalentados brasileiros são negros ou pardos.

No mesmo sentido, os postos de trabalho em que a "aparência" do empregado é relevante ainda enseja maior dificuldade ao negro para sua inserção. Por exemplo, em 06/10/2019, reportagem da Folha de São Paulo estampava que as mulheres negras protagonizam somente 7,4% dos anúncios comerciais. A referida reportagem informava que:

> *Considerando somente os comerciais protagonizados por mulheres, 70% deles são com brancas, apenas 17% com negras e 13% com diferentes grupos raciais. Informa ainda que o negro costuma aparecer como coadjuvante ou dividindo o protagonismo com brancos (ANDRADE, 2019, p. 07).*

Na mesma página de jornal, na reportagem que tratava de mercado de trabalho da negra atuando como modelo, afirma Helder Dias que "modelos de pele mais escura têm dificuldade de conseguir trabalho, diz dono de agência" (ANDRADE, 2019). Explicando melhor a manchete, a reportagem explicita que "a falta de representatividade nos comerciais também afeta modelos de pele mais escura, que têm mais dificuldade de conseguir trabalho e recebem, na maioria, salários mais baixos" (ANDRADE, 2019, p. 7).

Em outra reportagem, Anizzeli (2019, A24) afirma que o "homem branco domina geração do conhecimento" em uma alusão à pouca participação ou quase ausência de negros na área de pesquisa científica econômica. A referida reportagem faz uma demonstração de que os centros de excelência de pesquisa na área econômica são dominados por homens brancos, ficando clara a ausência de mulheres negras nessas áreas em universidades como a FGV (Rio de Janeiro e São Paulo), PUC-RJ e USP, assim como UFRJ, UNICAMP e UFMG.

Ainda cabe ressaltar que, de acordo como Santos (2019a), a formação do mercado de trabalho contemporâneo, no Brasil, está ligada diretamente ao sistema escravocrata e à transição para o trabalho livre. Nesse sentido, afirma que:

> A formação de uma classe trabalhadora assalariada no Brasil sofreu influências fortes do escravagismo, da pobreza generalizada dos trabalhadores livres, da degradação dos trabalhadores manuais e das relações autoritárias existentes na organização do trabalho e da rígida organização social presentes ao longo do século XIX (SANTOS, 2019a, p. 94).

No mesmo sentido, Sakamoto (2008) dispõe que: "o fim da escravidão legal no Brasil não foi acompanhado de políticas públicas e mudanças estruturais para a inclusão dos trabalhadores. Por isso, os escravos modernos são herdeiros dos que foram libertados em 13 de maio de 1888".

Portanto, é fácil perceber diante da análise dos estudiosos do tema como a formação contemporânea do mercado de trabalho brasileira é racializada, o que contribui para as diferenças sociais entre negros e brancos, tratando-se de problema histórico que atinge, até hoje, o grupo étnico subalternizado que tem grande dificuldade de acesso aos postos de trabalho qualificados.

2.2.2. Renda

Inicialmente, é importante ressaltar que o que determina a pobreza no país não é a escassez de recursos, mas sim a má distribuição desses recursos entre os cidadãos. Ou seja, o Brasil não deve ser considerado um país pobre, no entanto, é extremamente injusto no que tange à distribuição de sua riqueza entre os grupos sociais.

Além disso, a cor é um fator determinante nessa análise de exclusão social e má divisão de riquezas. De forma que, ao nascer negro, o indivíduo tem uma grande probabilidade de ser pobre.

Henriques (2001), ao fazer uma análise das condições de vida do negro na sociedade brasileira na década de 1990, expõe que os negros estão, majoritariamente, na base da pirâmide social e ainda conclui que, mesmo entre os mais ricos, os brancos mais ricos são, em sua maioria, mais ricos que os negros nesse mesmo patamar.

Percebe-se que isso enseja um "embranquecimento" da riqueza no país. Ou seja, que as riquezas estão distribuídas de forma não igualitária e os brancos detêm o maior percentual dela.

Colocando de outra forma, a população branca de alta renda se apropria de 41% de toda a renda do país, enquanto, entre os negros que se encontram no extrato rico da população, somente 15% abarca 6% da renda total do país (HENRIQUES, 2001). Assim, o "Brasil branco" é cerca de 2,5 vezes mais rico que o "Brasil negro", sendo que isso é verificado em todos os extratos da população brasileira. Nas palavras do próprio autor:

> *A renda média dos 10% mais pobres entre os brancos é superior à renda média dos 10% mais pobres entre os negros, e esta diferença em favor dos brancos se repete até alcançarmos os indivíduos mais ricos das duas populações (HENRIQUES, 2001, p. 20).*

O fato é que a maior parte da população negra brasileira se encontra em situação de pobreza e que a ascensão social é muito baixa entre eles. Os dados da década de 1990[9] continuam atuais, como se pode verificar pela análise dos gráficos elaborados a seguir.

Nesse sentido, a Pesquisa Nacional por Amostra de Domicílio Contínua (PNAD Contínua) do ano de 2018, realizada pelo IBGE em 3 diferentes anos, pode deixar claro como a situação não melhorou significativamente nos últimos anos. Assim, o rendimento-hora médio real habitual do trabalho principal das pessoas de 14 anos ou mais de idade ocupadas varia de acordo com a raça dos indivíduos.

---

[9] Trazidos no texto de Henriques (2001)

Gráfico 4: Rendimento-hora médio real habitual das pessoas com Ensino Superior completo ou mais

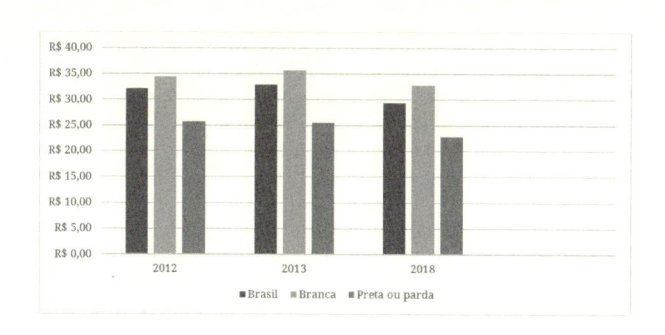

Fonte: IBGE, PNAD Contínua (2018)[10]

Verifica-se, pela análise do gráfico 4, que a renda-hora média real das pessoas que atuam no mercado de trabalho com ensino superior completo é muito mais baixa entre os negros, sendo que, em 2018, enquanto um branco recebe em média R$ 32,80 (trinta e dois reais e oitenta centavos) pela hora de trabalho, um negro com a mesma qualificação e nas mesmas condições recebe R$ 22,70 (vinte e dois reais e setenta centavos). A diferença salarial ainda é superior a 30% somente em razão da cor do indivíduo.

Não se pode deixar de apontar que a situação contraria frontalmente o art. 7º, XXX da Constituição Federal que determina ser direito fundamental dos trabalhadores a "proibição de diferença de salários, de exercício de funções

---

[10] PNAD Contínua. Conteúdo do diretório de indicadores sociais relacionados a desigualdade por cor ou raça. Disponível em: ftp://ftp.ibge.gov.br/../Indicadores_Sociais/Desigualdades_por_Cor_ou_Raca/ods/). Acesso em: 22 mar. 2020.

e de critério de admissão por motivo de sexo, idade, cor ou estado civil"[11] (BRASIL, 1988).

No entanto, a diferença remuneratória decorre, muitas vezes, da concentração de negros em carreiras universitárias cuja remuneração dos profissionais tende a ser mais baixa, como áreas vinculadas a pedagogia e serviço social, e da pouca representatividade desse grupo étnico em carreiras de maior prestígio social, como medicina, engenharia e direito.

Ainda tratando de renda, pode-se fazer uma análise acerca da distribuição de renda no país e a inserção de brancos e negros nas classes sociais, por meio de dados extraídos da PNAD contínua de 2012 e 2018 para demonstrar que não houve grande mudança na distribuição racial da renda no Brasil.

Gráfico 5: Distribuição percentual da população, por classes de percentual de pessoas em ordem crescente de rendimento e cor ou raça em 2018 (%)

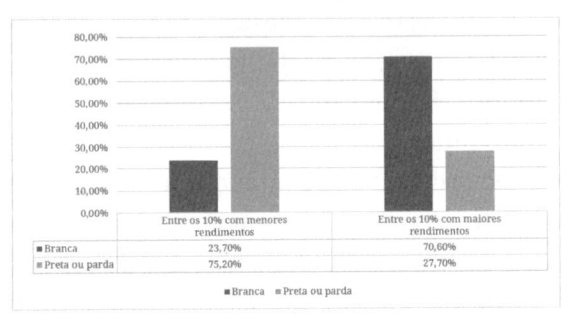

	Entre os 10% com menores rendimentos	Entre os 10% com maiores rendimentos
Branca	23,70%	70,60%
Preta ou parda	75,20%	27,70%

Fonte: IBGE, PNAD Contínua (2018)

---

[11] Constituição da República Federativa do Brasil de 1988. Texto compilado com Emendas Constitucionais. Disponível em: http://www.planalto.gov.br/ccivil_03/constituicao/Constituição compilado.htm. Acesso em: 27 mar. 2020.

Gráfico 6: Distribuição percentual da população, por classes de percentual de pessoas em ordem crescente de rendimento e cor ou raça em 2012 (%)

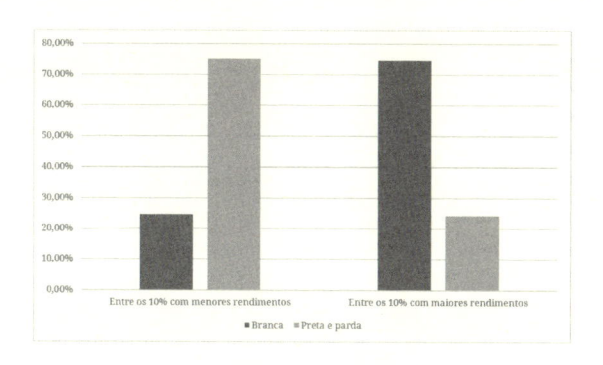

Fonte: IBGE, PNAD Contínua (2012)

Em uma análise dos gráficos apresentados, pode-se verificar que, com pequena variação, em 2012 e em 2018, os negros se encontram, em sua maioria, entre os 10% que auferem menores rendimentos da população, representando, em 2018, 75% das pessoas mais pobres e, por outro lado, entre os mais ricos, essa população não chega a 25%.

Outro dado que pode demonstrar a diferença de rendimentos entre brancos e negros é o acesso aos bens duráveis e eletrodomésticos que conferem facilidade à vida diária. Por exemplo, dados do PNAD de 2018, inseridos no gráfico[12] 7, demonstram que mais de 45% dos negros não possuem máquina de lavar em sua residência. Entre os brancos, esse número é de 21%.

---

[12] Conteúdo do diretório de indicadores sociais relacionados a desigualdade por cor ou raça Disponível em: ftp://ftp.ibge.gov.br/../Indicadores_Sociais/Desigualdades_por_Cor_ou_Raca/ods/. Acesso em: 01 abr.2020.

Gráfico 7: Proporção de pessoas residindo em domicílios sem a posse de máquina de lavar, segundo a cor ou raça e o tipo de arranjo domiciliar – 2018

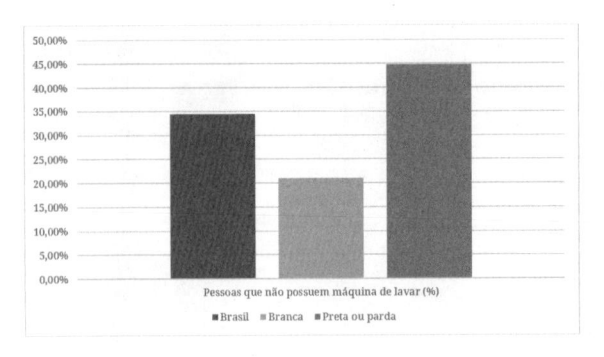

[Gráfico de barras mostrando: Brasil ~35%, Branca ~21%, Preta ou parda ~45% — Pessoas que não possuem máquina de lavar (%)]

Fonte: IBGE (2018)

Assim, os dados apresentados deixam clara a distribuição racial da renda do país e, principalmente, demonstram que pouca ou nenhuma mudança ocorreu em relação a isso nas últimas décadas.

2.2.3. Educação

Grande parte da desigualdade de renda, do Brasil, pode ser associada à heterogeneidade da escolaridade da população adulta, haja vista o fato de que os brancos, por integrarem majoritariamente as classes média e alta, têm mais acesso à escola de qualidade e podem, enquanto crianças, dedicar-se somente aos estudos, o que não é a realidade da maioria dos negros, que precisa procurar matrículas em escolas públicas de ensino fundamental e médio de baixa qualidade e, muitas vezes, trabalha para auxiliar na renda familiar imediata.

Isso perpetua a diferença social entre os grupos étnicos, já que a falta de capital econômico dos pais pertencentes ao grupo subalternizado influencia diretamente na qualidade da educação que, por sua vez, tende a determinar o futuro das crianças negras.

Iniciando a análise acerca de oportunidades educacionais, pode-se perceber, de imediato, que o analfabetismo é um problema racial brasileiro, dada a discrepância dos dados quando analisados entre negros e brancos.

Consideremos o Gráfico 8 que trata da taxa de analfabetismo das pessoas de 15 anos ou mais de idade, com indicação do coeficiente de variação, por cor ou raça, segundo as Grandes Regiões e características selecionadas.[13]

Gráfico 8: Taxa de analfabetismo das pessoas de 15 anos ou mais de idade no Brasil

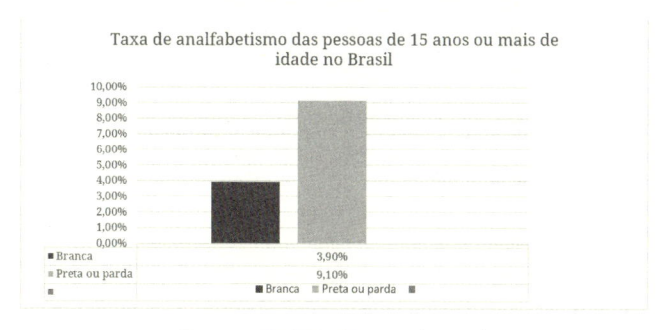

	Taxa
Branca	3,90%
Preta ou parda	9,10%

Fonte: IBGE, PNAD (2018)

A análise desse gráfico demonstra as desigualdades existentes entre os grupos étnicos brasileiros, no que tange ao acesso à educação já que a taxa de analfabetismo da população negra ultrapassa o dobro desse índice aplicado aos brancos.

---

[13]Conteúdo do diretório de indicadores sociais relacionados a desigualdade por cor ou raça Disponível em: ftp://ftp.ibge.gov.br/../Indicadores_Sociais/Desigualdades_por_Cor_ou_Raca/ods/). Acesso em: 26 mar. 2020.

Por exemplo, dados do PNAD de 2018[14] mostram que 76,8% dos brancos concluem o ensino médio no Brasil, ou seja, mais de 23% deles não conseguem atingir a qualificação secundária. Não obstante seja um número elevado, não se compara aos 38,20% de jovens negros na mesma situação – já que o gráfico 9 demonstra que somente 61,8% dos negros concluem o ensino médio.

Gráfico 9: Taxa de conclusão do ensino médio por cor ou raça

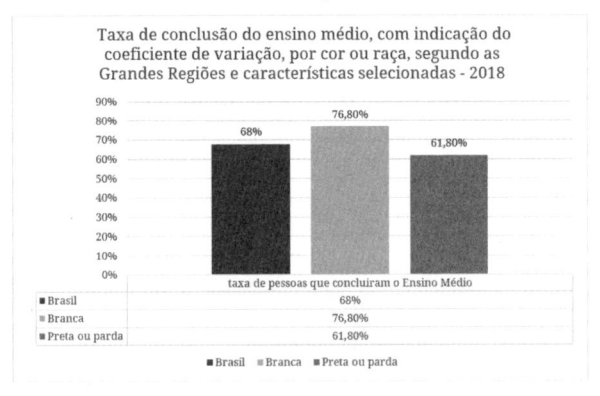

Taxa de conclusão do ensino médio, com indicação do coeficiente de variação, por cor ou raça, segundo as Grandes Regiões e características selecionadas - 2018

	taxa de pessoas que concluíram o Ensino Médio
Brasil	68%
Branca	76,80%
Preta ou parda	61,80%

Fonte: IBGE, PNAD (2018)

Enfim, a péssima distribuição de renda no Brasil espelha uma imensa desigualdade na educação. Durante muito tempo, o governo subsidiava de forma desproporcional os estudantes mais ricos, pertencentes ao grupo étnico dominante – em sua maioria formados nas melhores escolas – para que frequentassem universidades públicas de qualidade. Por outro lado, os estudantes negros que estudavam em escolas públicas, por figurarem na classe social

---

[14] Conteúdo do diretório de indicadores sociais relacionados a desigualdade por cor ou raça. Disponível em: ftp://ftp.ibge.gov.br/../Indicadores_Sociais/Desigualdades_por_Cor_ou_Raca/ods/. Acesso em: 01 abr. 2020.

mais baixa, carentes de recurso durante o ensino infantil, fundamental e médio, dificilmente conseguiam passar nos exames de admissão das universidades públicas. Como resultado, ou eles pagavam uma faculdade privada com pior qualidade de ensino, ou, até mesmo, precisavam abandonar os estudos.

Com a inserção de um sistema de cotas para ingressos de negros nas universidades públicas, a situação tende a melhorar, havendo uma diminuição das diferenças no que tange ao acesso ao ensino superior.

É indiscutível que melhor condição de vida e implemento de uma diminuição nas desigualdades de renda dependem da educação, pois os trabalhadores são remunerados de acordo com suas aptidões. Portanto, mais educação significa maior renda.

Nesse sentido, Silvério (2002, p. 242-43) dispõe:

> *Assim, em boa medida, o combate à pobreza no Brasil passa necessariamente pela manutenção da criança e do jovem negro na escola. Mas em uma escola de qualidade que consiga transmitir, sem mistificação e de forma mais equânime para todos, a contribuição de cada raça, de cada etnia na formação sociocultural brasileira. A construção de um tal processo escolar depende de uma política educacional que considere, entre outras, duas condições básicas: a inclusão imediata dos jovens negros nas universidades por meio de programas de ação afirmativa e a reformulação curricular da formação de professores a partir de parâmetros multiculturais. Dessa forma acredito que o combate ao racismo institucional e às discriminações*

inscritas em nossas relações sociais terão maior eficácia.

No capítulo seguinte deste livro, serão analisadas com mais atenção as ações afirmativas de acesso ao ensino superior do negro. Todavia, é possível afirmar, de antemão, que o sistema de cotas tem sido eficaz na diminuição das diferenças de escolaridade entre negros e brancos, mas não na desigualdade social existente entre as raças. Muito ainda precisa ser feito para melhorar o acesso efetivo à educação. Nesse sentido, pode-se citar Telles (2004, p. 23), que tratou do assunto dispondo que:

> *É preciso realizar programas de orientação, de assistência à escrita e apoio financeiro e, após a formatura, mecanismo para auxiliar na busca de empregos adequados à educação obtida, o que ajudaria a superar o nível relativamente fraco de capital social que possue.*

Como vai ser demonstrado posteriormente, neste livro, o acesso à educação superior é apenas um primeiro passo para possibilitar a ascensão social do indivíduo por meio do trabalho qualificado.

2.2.4. Habitação

As condições de habitação e disposição espacial nas cidades também são fatores que contribuem para a análise da qualidade de vida do negro na sociedade brasileira.

Nesse sentido, pode ser analisado um conjunto de indicadores que irão demonstrar se aquele sujeito vive em

condições precárias e com dificuldade de acesso a serviços públicos, a saber:
   a) qualidade do material da construção
   b) propriedade do imóvel
   c) propriedade do terreno onde o imóvel está localizado
   d) densidade habitacional (número de moradores por cômodo)
   e) acesso a serviços essenciais como sistema de esgoto, abastecimento de água e coleta de lixo

Nas grandes cidades, os negros ficam, em sua maioria, restritos às moradias em locais distantes e subúrbios, o que dificulta o acesso a serviços básicos como coleta de lixo, esgoto e abastecimento de água. Muitos moram em casas construídas de forma precária, com ajuda de vizinhos, em terrenos que sequer são de sua propriedade, mas se trata de ocupação de áreas públicas ou privadas até então subutilizadas. Referindo-se a essa desorganização urbana, Faria (1991, p. 108) explica que:

> As periferias urbanas, muitas vezes incrustadas no coração das cidades sob a forma de favelas e cortiços, marcadas pela habitação precária, pelo transporte difícil e pela ausência de saneamento básico, disseminaram-se por cidades dos mais variados tamanhos e nas diversas regiões do país.

Além de não poder usufruir dos serviços básicos, muitas vezes a distância e o fornecimento ruim de transporte público dificultam o acesso a vagas de empregos, seja pela dificuldade de deslocamento até o trabalho, seja pelo próprio preconceito em relação ao seu local de moradia, já que o empregador não tem interesse em contratar empregados que habitem em "locais perigosos".

Ressalte-se que não somente os negros têm condições mais precárias de habitação em relação aos brancos, como, em termos absolutos, o nível de precariedade é bastante alto.

Verifica-se, então, mais um indicador de discriminação racial, já que os negros têm menos acesso a condições habitacionais com o mínimo de dignidade.

Para demonstrar essa situação, o gráfico[15] 10 mostra as moradias em que não são fornecidos serviços básicos como coleta de lixo, água encanada e tratamento de esgoto.

Gráfico 10: Proporção de pessoas residindo em domicílios sem acesso a serviços de saneamento básico, segundo a cor ou raça e tipo de arranjo

Proporção de pessoas residindo em domicílios sem acesso a serviços de saneamento básico, segundo a cor ou raça e tipo de arranjo domiciliar - 2018

	Brasil	Branca	Preta ou parda
Ausência de coleta de lixo	9,70%	6%	12,50%
Ausência de abastecimento de água	15,10%	11,50%	17,80%
Ausência de esgotamento sanitário por rede coletora ou pluvial	35,70%	26,50%	42,80%

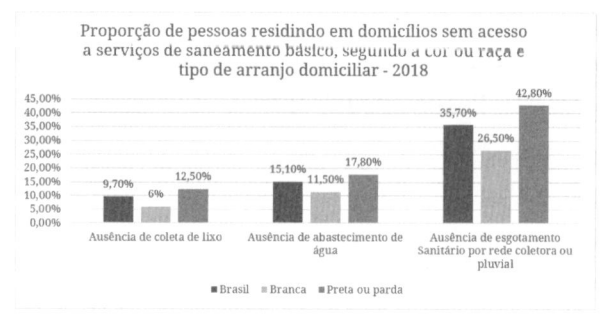

Fonte, IBGE, PNAD (2018)

Da análise dos dados inseridos, pode-se confirmar que os negros que vivem sem coleta de lixo ultrapassam o dobro do quantitativo de brancos na mesma condição – 12,5% de negros em comparação a 6% dos brancos. Também, em relação aos índices de moradias sem abastecimento regular

---

[15] Conteúdo do diretório de indicadores sociais relacionados a desigualdade por cor ou raça. (Disponível em: ftp://ftp.ibge.gov.br/../Indicadores_Sociais/Desigualdades_por_Cor_ou_Raca/ods/. Acesso em: 01 abr. 2020.

de água e esgotamento sanitário, as moradias pertencentes ao grupo étnico subalternizado são maioria.

Carvalho (2018), em estudo que analisa a distribuição espacial da cidade de Salvador, apresenta o modo pelo qual a distribuição do espaço urbano nessa capital está efetivada de forma racializada, fazendo com que o grupo étnico dominante esteja alojado nas áreas mais atrativas da cidade – mais especificamente na orla marítima norte e na área central – em bairros com melhores condições de habitação. Por sua vez, o contingente negro se concentra, majoritariamente, em espaços com infraestrutura precária, localizados no denominado "miolo" da cidade e no subúrbio ferroviário, muitas vezes com ocupação irregular.

Carvalho (2018) ainda faz uma análise de como a moradia interfere na qualidade de vida das pessoas, enfatizando que, nos bairros mais nobres, o acesso aos serviços se encontra mais facilitado, enquanto as regiões populares não possuem benefícios sociais mais amplos.

Essa distribuição espacial interfere na qualidade de educação – já que os melhores profissionais da área são deslocados para escolas localizadas nas áreas de maior concentração de poder aquisitivo – assim como nas oportunidades de emprego – uma vez que a vulnerabilidade sócio-ocupacional também está ligada à moradia desse sujeito e sua colocação no plano espacial da cidade.

A segregação ocupacional também influencia nos índices de violência urbana que são bem mais acentuados em áreas de ocupação precária e zonas periféricas da cidade. Nesse sentido, a autora dispõe que:

> (...) pois na sociedade brasileira, que se transformou em uma das mais violentas do mundo,

> com um número de mortos por homicídios similar ou até superior ao de alguns países em guerra, a concentração da população em áreas homogêneas, precárias e desassistidas tem aumentado igualmente a sua vulnerabilidade civil com uma maior exposição à criminalidade, à violência e à morte precoce. Moradores de favelas e periferias convivem cotidianamente com essa realidade que se traduz em restrições à mobilidade, toques de recolher, suspensão de aulas, tiroteios, balas perdidas e um grande número de homicídios, cuja maioria das vítimas é constituída por jovens pobres, negros e de baixa escolaridade (CARVALHO, 2018, p. 22).

Por óbvio, a situação habitacional do negro se repete nas grandes cidades do Brasil, não sendo uma peculiaridade da capital baiana. Ainda em seu trabalho, a autora faz um paralelo com a distribuição populacional na cidade do Rio de Janeiro, chegando a conclusões similares, ao dispor que:

> Tanto em Salvador como no Rio de Janeiro, os estratos superiores e brancos se encontram recorrentemente sobre representados em espaços privilegiados em termos econômicos, sociais, políticos e culturais, enquanto os negros se aglomeram em territórios precários e desprovidos dessas condições (CARVALHO, 2018, p. 22).

Por derradeiro, ainda se deve pontuar que a distribuição geográfica da população negra – em locais mais afastados e em moradias precárias – atinge o acesso ao mercado de trabalho desse grupo étnico. Os postos de trabalho mais qualificados se encontram nas zonas nobres da cidade e, além da dificuldade de acesso em razão de transporte público desqualificado, os negros ainda enfrentam o preconceito decorrente do local de sua moradia. Borges e Carvalho (2017) bem sustentam esse entendimento ao argumentarem que:

> (...) a distribuição espacial dos empreendimentos e dos postos de trabalho socialmente protegidos contribui de forma relevante para os impactos adversos do processo de segregação, uma vez que os moradores das áreas pobres ficam aprisionados em espaços que não oferecem maiores oportunidades para melhorar a situação em que se encontram, sendo forçados a buscar, nos espaços privilegiados da cidade, a sua sobrevivência e as condições para tentar superar a situação de pobreza. A distância e a carência de transporte públicos eficientes vêm impondo a esses trabalhadores custos adicionais, ampliados nos últimos anos: o de gastar, diariamente, parte expressiva do seu dia em deslocamentos de casa para o trabalho e vice-versa, usando transporte coletivo caro e precário, bicicletas e motos, ou andando a pé.

Logo, as condições de habitação nas grandes cidades brasileiras também devem ser consideradas para demonstrar como o racismo é estruturante na sociedade nacional e como influencia as péssimas condições de vida da população negra.

2.2.5. Violência

A violência é um problema das grandes cidades e se desenvolve, ainda de forma mais intensa, em países cujo desenvolvimento social ainda não é satisfatório, em decorrência da grande desigualdade entre as classes.

Por seu turno, a violência sofrida pelos indivíduos em razão de sua cor é um claro indicativo de racialização da sociedade nacional que se apresenta mais complacente em relação ao assassinato de indivíduos negros do que de brancos.

Para ilustrar essa percepção, dados do IBGE de 2017[16] mostram a grande diferença existente entre brancos e pretos no que tange à taxa de homicídios, conforme se demonstra no gráfico 11.

Gráfico 11: Número de homicídios por grupos de raça

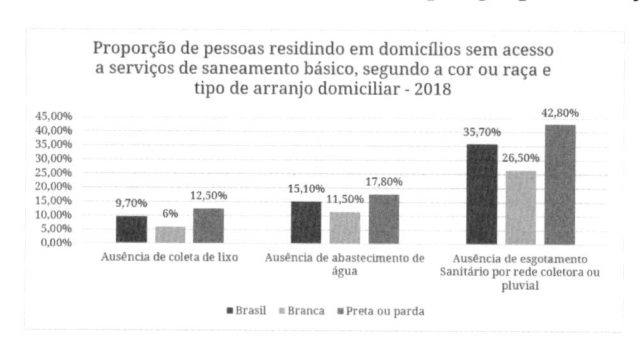

Proporção de pessoas residindo em domicílios sem acesso a serviços de saneamento básico, segundo a cor ou raça e tipo de arranjo domiciliar - 2018

	Ausência de coleta de lixo	Ausência de abastecimento de água	Ausência de esgotamento Sanitário por rede coletora ou pluvial
Brasil	9,70%	15,10%	35,70%
Branca	6%	11,50%	26,50%
Preta ou parda	12,50%	17,80%	42,80%

Fonte, IBGE, PNAD Continua (2017)

Verifica-se, ao fazer a análise desse gráfico, que, enquanto os números de homicídios de negros ultrapassaram sessenta

---

[16] Conteúdo do diretório de indicadores sociais relacionados a desigualdade por cor ou raça. Disponível em: ftp://ftp.ibge.gov.br/../Indicadores_Sociais/Desigualdades_por_Cor_ou_Raca/ods/ . Acesso em: 02 abr. 2020.

e cinco mil indivíduos no ano de 2017 – mais especificamente 65.602 (sessenta e cinco mil seiscentos e dois), os assassinatos dos membros do grupo étnico dominante no Brasil totalizaram 14.395 (quatorze mil trezentos e noventa e cinco) indivíduos mortos, ou seja, menos de 25% do quantitativo anterior atinente ao contingente negro.

Basta verificar como as mortes de indivíduos pertencentes ao grupo étnico dominante costumam ensejar comoção social e discussão ampla na mídia acerca da necessidade de uma melhor estruturação da segurança pública, enquanto, nesse ínterim, diversos indivíduos negros foram assassinados sem que o fato fosse notado pelo público em geral e sem que merecesse a atenção necessária dos meios de comunicação.

A violência em relação aos negros cresce de forma exponencial e, pelos dados apresentados pelo Mapa da Violência elaborado pela FLACSO, entre os anos 2002 e 2010, enquanto houve uma redução dos homicídios de cidadãos brancos, a população negra viu esse número aumentar (WAISELFISZ, 2012).

Tratando do tema, Waiselfisz (2012, p. 10) dispõe que:

> *Entre 2002 e 2010, segundo os registros do Sistema de Informações de Mortalidade, morreram assassinados no país 272.422 cidadãos negros, com uma média de 30.269 assassinatos ao ano. Só em 2010 foram 34.983. Esses números já deveriam ser altamente preocupantes para um país que aparenta não ter enfrentamentos étnicos, religiosos, de fronteiras, raciais ou políticos: representa um volume de mortes violentas bem superior à de muitas regiões do mundo que atravessaram conflitos armados internos ou externos. Inquieta*

mais ainda a tendência crescente dessa mortalidade seletiva. E segundo os dados disponíveis, isso acontece paralelamente a fortes quedas nos assassinatos de brancos. Dessa forma, se os índices de homicídio do país nesse período estagnaram ou mudaram pouco, foi devido a essa associação inaceitável e crescente entre homicídios e cor da pele das vítimas.

Os assassinatos sofridos pelos indivíduos negros, em geral, no Brasil, vêm contrastando com toda a política de desenvolvimento de direitos humanos. O simples fato de ser jovem e negro, na sociedade brasileira, coloca esse cidadão dentro de uma zona de risco de sofrer uma morte violenta. Assim, os dados mostram que, não obstante o Brasil ser um país com altos índices de violência, esses índices atingem de forma muito mais intensa a sua população não branca. Analisando o tema, Oliveira Junior e Lima (2013, p. 126) destacam que:

> *A disparidade da violência contra a população negra atesta o caráter brutal do racismo brasileiro. Os caminhos que levam à oportunidade de ascensão social para essas massas são estreitos ou inexistentes. Se o negro é privado do acesso à cidadania, a tendência de exposição à violência e à marginalização aumenta.*

Casais Neto (2017), por sua vez, em pesquisa aprofundada sobre os dados da violência na cidade de Salvador, considerando a distribuição racial das moradias nessa capital, conclui que os negros são as maiores vítimas da violência urbana. Assim, o autor informa que:

> *No contexto de uma metrópole como Salvador, que tem nas questões raciais uma relação umbilical e problemática, não se torna difícil visualizar que, a partir dessas contradições, existem espaços e sujeitos que aparecem no tecido da urbe como, aparentemente, marcados para morrer. Assim, como ratifica Amparo (2011), essa distribuição sistematicamente calculada da mortalidade é o que configura a (necro) política moderna. Uma vez entendida como gestão da vida a partir da morte, a necropolítica nos fornece as ferramentas necessárias para localizar as condições de vida de negros e negras nas periferias, evidenciadas nos altos índices de mortalidade, sobretudo, em homicídios (CASAIS NETO, 2017, p. 08).*

Flauzina (2006) chega a apontar a violência contra o negro como algo proposital, decorrente de uma política de eliminação em massa. Baseada em dados que demonstram a alta concentração de mortos entre os jovens negros, a autora dispõe que:

> *Os dados da vitimização juvenil negra, acolhidos com complacência por Estado e sociedade civil, demonstram, nesses termos, o caráter inequívoco da instrumentalização do sistema penal na produção do extermínio desse contingente populacional. Dentro do marco da revolução tecno científica, que tende a reconfigurar os termos de sua intervenção, não se observa qualquer possibilidade de arrefecimento, mas, ao contrário, de potencialização da produção da morte em massa (FLAUZINA, 2006, p. 117).*

Outrossim, é relevante ainda lembrar que os jovens negros são alvo da violência policial, por carregarem o estigma de suspeitos em decorrência do racismo institucional presente no sistema de segurança pública brasileiro.

A abordagem policial tende a respeitar uma filtragem racial, considerando-se o preto como o principal suspeito de crimes violentos, em uma situação em que brancos e pretos estejam no mesmo local.

Barros (2008), em sua pesquisa, demonstra que a abordagem policial é direcionada à população negra e que isso decorre de uma ideologia já arraigada nas corporações policiais. Dispõe, ainda:

> *Identificou-se também que, caso permaneçam as circunstâncias atuais, as próximas gerações de policiais tenderão a dar continuidade à filtragem racial. Essa tendência está sinalizada nos resultados apresentados por alunos do CFO e do CFSD*[17]*, na questão em que assumem a tendência de abordar primeiro o preto e depois o branco (BARROS, 2008, p. 150).*

Ressalte-se que, na maioria das vezes, por estar arraigada na estrutura da instituição, o preconceito decorrente da filtragem racial sequer pode ser considerado intencional. De fato, os policiais creem que essa é a medida mais adequada na investigação criminal, dada a criação prévia do estigma de negro delinquente.

---

[17] Respectivamente: Curso de Formação de Oficiais (CFO) e Curso de Formação de Soldados (CFSD).

Ramos e Musumeci (2005), ao tratar de abordagem policial na cidade do Rio de Janeiro, concluem que os jovens e negros são os alvos principais da atuação policial. A mesma conclusão é alcançada por Anunciação, Trad e Ferreira (2020), ao realizar pesquisa acerca de abordagem policial em municípios na Bahia e vislumbrar que:

> Nas três capitais, todos(as) os(as) jovens autodeclarados(as) negros(as) participantes da pesquisa já haviam sido abordados(as) ao menos uma vez na vida, e a grande maioria passava por esta experiência com muita frequência. Ficou patente que a frequência da abordagem, variando entre apenas uma vez para cotidianamente, dependia fortemente da intensidade do tom preto da pele: quanto mais retinto, mais abordado.

Pode-se verificar, portanto, que, não obstante, na teoria, qualquer cidadão poder ser alvo de uma abordagem policial para verificação de atos delituosos, na prática, essa abordagem não é aleatória e somente alguns serão selecionados, com base em critérios que o tornem suspeitos. Dada a racialização da sociedade brasileira, um dos critérios mais relevantes é a cor desse indivíduo.

O fenômeno da fenotipização do delinquente decorre do racismo e do estigma de delinquente atribuído à população negra. Caldeira (2000, p. 109), analisando a realidade social na cidade de São Paulo, trata do tema, ao dispor que:

> (...) embora brancos e negros cometam crimes violentos em proporção idêntica, os negros tendem a ser mais molestados pela polícia, a enfrentar grandes obstáculos em seu acesso ao sistema

judiciário e a ter mais dificuldades para garantir seus direitos a uma defesa adequada. Como resultado, os negros são mais propensos a ser considerados culpados do que os réus brancos.

Em uma análise detalhada acerca das diferenças de acesso ao mercado de trabalho, renda, educação, moradia e sujeição à violência urbana, não restam dúvidas acerca da existência de um racismo estrutural na sociedade brasileira que coloca a população negra em situação subalternizada.

As diferenças de oportunidades e de acesso a serviços básicos precisam ser corrigidas e, para isso, se faz necessária a atuação estatal, como forma de busca da igualdade efetiva entre os grupos étnicos nacionais. É exatamente essa busca pela igualdade e o papel do Estado na criação de ações afirmativas que serão analisados nos capítulos seguintes.

3. A isonomia material como princípio fundamental no direito brasileiro e a adoção de ações afirmativas

A Constituição formadora de um Estado deve ser escrita não apenas com o intuito de lhe instituir e organizar, mas também de ser uma representação dos anseios dessa sociedade, apresentando suas pretensões em normas jurídicas impositivas e orientadoras, dotadas de eficácia.

No Brasil, a Constituição Federal da República, promulgada em 1988 (BRASIL, 1988), nasceu imbuída de ideais democráticos, definindo, em seu art. 3º, como objetivos da República, a construção de uma sociedade livre, justa e solidária, a erradicação da pobreza e da marginalização, a redução das desigualdades sociais e regionais e, ainda, a promoção do bem de todos, sem preconceitos de origem, raça, sexo, cor, idade e quaisquer outras formas de discriminação.

Por seu turno, o art. 5º, I da Carta maior dispõe que homens e mulheres são iguais em direitos e obrigações, não sendo admitida a distinção indevida entre os cidadãos, de forma a beneficiar ou prejudicar grupos específicos (BRASIL, 1988).

Ocorre que não se faz possível alcançar tais objetivos sem uma atuação efetiva do poder público. Desse modo, para que seus comandos não passassem de prescrições normativas e fossem capazes de garantir uma atuação efetiva do Poder Público – a quem a Constituição destinou uma série de obrigações –, ela própria trouxe consigo uma série de instrumentos de controle em face da eventual inação estatal.

Outrossim, o parágrafo 1º, do artigo 5º, da nossa Constituição dispõe que "as normas definidoras dos direitos e garantias fundamentais têm aplicação imediata", exigindo uma postura ativa imediata do Poder Público para a sua implementação, caso dependam de concretização (BRASIL, 1988).

Nesse sentido, deve-se entender que os princípios constitucionais não são somente orientadores de uma atuação estatal, devendo também ser enxergados como normas de aplicabilidade direta e imediata.

Piovesan (2013, p. 5) adverte o seguinte:

> (...) a efetivação dos direitos econômicos, sociais e culturais não é apenas uma obrigação moral dos Estados, mas uma obrigação jurídica, que tem por fundamento os tratados internacionais de proteção dos direitos humanos, em especial o Pacto Internacional dos Direitos Econômicos, Sociais e Culturais. Se os direitos civis e políticos devem ser assegurados de plano pelo Estado, sem escusa ou demora – têm a chamada autoaplicabilidade, os direitos sociais, econômicos e culturais, por sua vez, nos termos em que estão concebidos pelo Pacto, apresentam realização progressiva. Vale dizer, são direitos que estão condicionados à atuação do Estado, que deve adotar todas as medidas, tanto por esforço próprio como pela assistência e cooperação internacionais, principalmente nos planos econômicos e técnicos, até o máximo de seus recursos disponíveis, com vistas a alcançar progressivamente a completa realização desses direitos (Art. 2º, parágrafo 1º do Pacto).

Seguindo as premissas levantadas, o art. 5º "*caput*" da Constituição Federal de 1988 dispõe que todos são iguais perante a lei, sem distinção de qualquer natureza. A isonomia, analisada formalmente, veda tratamento diferenciado aos indivíduos por motivos de índole pessoal, de forma a garantir-se uma padronização de condutas do Estado em relação aos cidadãos (BRASIL, 1988).

Por seu turno, em seu aspecto material, a isonomia justifica tratamento diferenciado como forma de igualar juridicamente aqueles que são desiguais faticamente. Nesse sentido, o preceito determina que a Administração Pública deva tratar igualmente os iguais e desigualmente os desiguais, na medida das suas desigualdades.

Isso porque a igualdade, enquanto princípio constitucional, tem sua origem histórica na Revolução Francesa, compondo um de seus ideais, para acabar com a separação jurídica vigorante entre os nobres e a classe burguesa que surgia. O eminente jurista português J.J. Gomes Canotilho explica que " a afirmação – todos são iguais perante a lei – significava, tradicionalmente, a exigência de igualdade na aplicação do direito" (CANOTILHO, 2002, p. 46), ou seja, não se tinha em mente a necessidade de a igualdade surgir do próprio texto legal, criando discriminações necessárias a garantir uma isonomia verdadeira.

Com efeito, a aplicação do princípio da igualdade em sentido meramente formal, se percebeu, não consegue aniquilar as situações de injustiça, principalmente, quando a aplicação desse princípio se dá em um país com imensas desigualdades sociais, consoante analisado anteriormente.

Assim, imaginar que todos nascem iguais e vivem com as mesmas condições e oportunidades e que, por isso, a ausência de distinção, por si só, seria suficiente para garantir o bem-estar coletivo é uma percepção muito ingênua ou mesmo mal intencionada de manutenção de privilégios que decorrem do contexto social. Portanto, admitir o princípio da igualdade limitado ao seu aspecto formal perpetua a desigualdade fática das relações sociais, o que confrontaria a intenção do constituinte originário. Nesse sentido, a doutrina jurídica passa a exigir para além de uma igualdade "perante a lei", uma igualdade "na lei", permitindo e, muitas vezes, exigindo tratamento desigual como forma de minimizar as diferenças estruturais da sociedade, através de políticas de discriminação positiva.

Canotilho (2002, p. 429), acerca do tema, dispõe que:

> *O princípio da igualdade não proíbe, pois, que a lei estabeleça distinções. Proíbe, isso sim, o arbítrio; ou seja, proíbe as diferenciações de tratamento sem fundamento material bastante, que o mesmo é dizer sem qualquer justificação razoável, segundo critérios de valor objetivo constitucionalmente relevantes. Proíbe também que se tratem por igual situações essencialmente desiguais.*

Verifica-se, portanto, que a igualdade precisa respeitar a dessemelhança que é inerente aos indivíduos, principalmente, quando se trata de cidadãos de uma sociedade tão estratificada e excludente como a brasileira.

Nesse sentido, Sarlet (2017, p. 620) assinala que:

> *A compreensão material da igualdade, por sua vez, na terceira fase que caracteriza a evolução do princípio no âmbito do constitucionalismo moderno, passou a ser referida a um dever de compensação das desigualdades sociais, econômicas e culturais, portanto, no sentido do que se convenciona chamar de uma igualdade social ou*

de fato, embora também tais termos nem sempre sejam compreendidos da mesma forma.

Sendo assim, todas as vezes que a norma estatal definir critérios de tratamento diferenciado entre os seus destinatários, a análise da adequação entre essas regras torna-se relevante bem como os motivos que ensejaram a referida discriminação.

É razão disso o fato de o constituinte originário, ao incluir o princípio da igualdade no capítulo que trata dos direitos e garantias fundamentais, acaba por exigir a proteção a certos grupos que demonstrem precisar de tratamento diverso. Considerando uma realidade histórica brasileira marcada pelas desigualdades sociais e marginalização de determinados grupos, essa igualdade somente poderá ser alcançada com medidas de compensação, com o intuito de se concederem oportunidades similares de vida aos indivíduos que cresceram em um contexto social desfavorável.

Tratando desse tema, o Ministro Ricardo Lewandowski, em julgamento da ADPF 186/2012, que dispunha acerca da constitucionalidade das cotas para negros implementadas na Universidade de Brasília (UNB), asseverou que:

> *O Estado poderia lançar mão de políticas de cunho universalista — a abranger número indeterminado de indivíduos — mediante ações de natureza estrutural; ou de ações afirmativas — a atingir grupos sociais determinados — por meio da atribuição de certas vantagens, por tempo limitado, para permitir a suplantação de desigualdades ocasionadas por situações históricas particulares. Certificou-se que a adoção de políticas que levariam ao afastamento de perspectiva meramente formal*

> *do princípio da isonomia integraria o cerne do conceito de democracia. Anotou-se a superação de concepção estratificada da igualdade, outrora definida apenas como direito, sem que se cogitasse convertê-lo em possibilidade (BRASIL, 2012).*

Cumpre ainda destacar a isonomia material nas palavras de Santos (2003, p. 56) ao dispor que:

> *Temos o direito a ser iguais quando a nossa diferença nos inferioriza; e temos o direito a ser diferentes quando a nossa igualdade nos descaracteriza. Daí a necessidade de uma igualdade que reconheça as diferenças e de uma diferença que não produza, alimente ou reproduza as desigualdades.*

Dessa forma, o reconhecimento de que a sociedade brasileira é baseada em uma estratificação social excludente torna impossível reconhecer a busca pela sociedade justa e igualitária sem a intervenção do Estado visando a minimizar as diferenças de oportunidades.

Essa interferência estatal se manifesta por meio de ações afirmativas, ou seja, de discriminações positivas estruturadas de modo a promover a inclusão social de alguns indivíduos historicamente excluídos do acesso a direitos inerentes à cidadania.

3.1. As ações afirmativas decorrentes do poder de polícia como forma de garantia da isonomia material

Conforme analisado anteriormente, a isonomia em seu aspecto material consiste no tratamento diferenciado àqueles que possuem condições de vida diferentes, como forma de reduzir as desigualdades fáticas.

Nesse sentido, algumas medidas positivas devem ser adotadas pelo Estado, como forma de tentar reduzir as desigualdades existentes entre os cidadãos. Tais ações afirmativas se apresentam como discriminações positivas impostas pelo Estado, com a intenção de reduzir as desigualdades e tentar melhorar a situação daqueles que são prejudicados pelo contexto social.

Dallari (2005, p. 309), tratando acerca do tema, assevera que:

> *O que não se admite é a desigualdade no ponto de partida, que assegura tudo a alguns, desde a melhor condição econômica até o melhor preparo intelectual, negando tudo a outros, mantendo os primeiros em situação de privilégio, mesmo que sejam socialmente inúteis ou negativos.*

Com efeito, o tratamento idêntico aos cidadãos que se encontram em situação diferente acaba por implementar uma verdadeira desigualdade. Buscando diminuir diferenças, as ações afirmativas estão presentes em diversos países em que a desigualdade fática impera. Analisando o tema, Santos (2012, p. 403) informa que:

> *Se observado que as ações afirmativas são medidas, políticas e programas dirigidos a grupos e populações que estão vulneráveis a processos de discriminação, a lista de países, nos últimos anos, é a seguinte: Bósnia – em cargos políticos, as mulheres devem estar representadas com um percentual mínimo de 29%; China – cotas para*

representação de minorias na Assembleia Nacional em Pequim e cotas para minorias ingressarem nas universidades; Macedônia – minorias, como os albaneses, tem cotas para acesso a universidade de Estado e no serviço público; Nova Zelândia – indivíduos descendentes de grupos polinésios e indígenas maori tem acesso preferencial para cursos universitários e bolsas; Indonésia – programa de ação afirmativa dirigido para grupos nativos que migraram para o país; Eslováquia – ação afirmativa para indivíduos de grupos raciais ou minorias; Reino Unido – lei indica recrutamento igual de católicos e não católicos no serviço policial na Irlanda do Norte; África do Sul – cotas e metas para promover equidade no mercado de trabalho entre brancos e negros.

Assim, o sistema de cotas para ingresso nas universidades públicas configura uma das ações afirmativas de maior êxito, por permitir o acesso ao ensino superior de qualidade aos negros e pardos, que se encontram majoritariamente na base da pirâmide social, criando uma real possibilidade de ascensão social desses indivíduos.

A adoção desse sistema, no Brasil, tem a intenção de reduzir as desigualdades estruturais existentes entre negros e brancos em uma sociedade absolutamente racializada e discriminatória.

Com efeito, consoante explicitado nos capítulos anteriores, o racismo estrutural se manifesta por diversas formas, ensejando a exclusão do negro da realidade social, deixando-o relegado ao sistema de ensino menos qualificado e consequentemente aos postos de trabalho com menor renda.

Assim, as ações governamentais têm buscado reduzir essa desigualdade, atacando vários aspectos dessa discriminação, permitindo a inserção de negros em postos de governo, determinando o estudo acerca da história e da cultura afro-brasileira no currículo escolar (o que foi feito por meio da Lei nº 10.639/2003), impondo a veiculação de propagandas em que sejam também retratadas famílias negras como consumidoras dos produtos, entre outras medidas.

Essas ações afirmativas decorrem do poder de polícia da Administração Pública e devem impor condutas aos particulares para minimizar os impactos da discriminação racial histórica no Brasil.

Nesse contexto, o art. 78 do Código Tributário Nacional, ao tratar do poder de polícia (conhecido como polícia administrativa), dispõe que:

> *Art. 78. Considera-se poder de polícia atividade da administração pública que, limitando ou disciplinando direito, interesse ou liberdade, regula a prática de ato ou abstenção de fato, em razão de interesse público concernente à segurança, à higiene, à ordem, aos costumes, à disciplina da produção e do mercado, ao exercício de atividades econômicas dependentes de concessão ou autorização do Poder Público, à tranquilidade pública ou ao respeito à propriedade e aos direitos individuais ou coletivos (BRASIL, 1966).*

Com efeito, o Estado deve atuar à sombra do Princípio da Supremacia do Interesse Público e, na busca incessante pelo atendimento do interesse coletivo, pode estipular restrições e limitações ao exercício de liberdades individuais e, até mesmo, ao direito de propriedade do particular. Neste contexto, nasce o Poder de Polícia, decorrente da supremacia geral da Administração Pública, ou seja, aplicando-se a todos os particulares, sem a necessidade de demonstração de qualquer vínculo de natureza especial.

Isso porque, não obstante a Carta Magna e a legislação infraconstitucional definir direitos e garantias aos particulares, o exercício desses direitos deve ser feito em adequação ao interesse público.

Na busca do bem-estar da sociedade, o Estado pode definir os contornos do exercício do direito de propriedade e, até mesmo, de liberdades e garantias fundamentais, criando-lhes restrições e adequações.

Em decorrência dessa atividade, o ente estatal pode exigir de uma emissora de televisão a inclusão de negros em propagandas e programas veiculados em sua rede, assim como pode criar restrições a quaisquer liberdades individuais, se amparada pela justificativa de atender ao interesse público, na busca de uma sociedade igualitária, livre e solidária.

Na sociedade brasileira contemporânea, a racialização impede o pleno exercício da cidadania por todos os cidadãos em indiscutível violação ao princípio da isonomia. Fraser (2001), analisando a situação do negro no Brasil, também defende a necessidade de atuação estatal, por meio de ações afirmativas de inclusão assim como pela valorização da cultura afro-brasileira, ao dispor que, para haver uma equalização das raças, é necessária:

> *Redistribuição afirmativa para reparar injustiça racial na economia inclui ação afirmativa, o esforço para garantir que pessoas de cor tenham participação justa nos empregos existentes e*

lugares educacionais, enquanto deixa intactos a natureza e o número desses empregos e lugares. Reconhecimento afirmativo para reparar injustiça racial na cultura inclui nacionalismo cultural, o esforço para assegurar as pessoas de cor respeito por meio da valorização da "negritude", enquanto deixa intocado o código binário branco/negro que dá sentido à relação (FRASER, 2001, p. 257).

Dentre as ações afirmativas e restrições impostas pelo ente estatal para minimizar os efeitos da discriminação racial, estão aquelas no âmbito do ensino superior que ganham atenção especial nesta obra, dada a importância dessa qualificação para inserção no mercado de trabalho qualificado e na busca por melhores condições de vida dos negros.

3.2. A importância da educação para a formação da cidadania

A educação é um fenômeno relacionado ao ser humano. Pode-se afirmar, com o auxílio de uma metáfora, que é ela uma ponte que estabelece relação no tempo, trazendo a memória do passado para o presente, geração a geração, formando a estrutura das sociedades.

Isso já ocorria desde o início da humanidade, quando era pouco significativa a interpretação das figuras das cavernas e a escrita ainda não servia de arquivo para os fatos só transmitidos pela oralidade. O homem, através da educação, consegue promover encontro dos dois tempos – o passado e o presente – e cria perspectivas para a construção do futuro. E enquanto se deu esse encontro, no reconto da história de cada grupo, o indivíduo aprendeu a conhecer sua identidade e a dos outros e exercitou mecanismos de participação maior ou menor no conjunto da sociedade, apreendendo as normas gerais de convivência até em defesa da sobrevivência do grupo.

Os sujeitos em situação de educação, seja na escola ou em outros ambientes educativos, incluindo a criança da escola infantil, já trazem conhecimentos a partir dos quais os agentes educativos devem desenvolver novos saberes. Eles se devem embasar, assim, sobre algo da realidade do educando que é ajudado a interpretar suas experiências anteriores para incluir as novas. Não se parte do nada, mas se amplia o que já existe ainda que de pouca significação. Não cabem espaços vazios entre o que já se aprendeu, assimilou e o novo que é apresentado.

Atente-se ao fato de que não se trata de conteúdos escolares apenas, mas de toda e qualquer aprendizagem. Essa ideia diz respeito à continuidade da educação a garantir o desenvolvimento ininterrupto da espécie humana que parte das escritas nas cavernas até a comunicação via *internet*. Cada um desses saltos se deu sem negar as conquistas anteriores, absorvendo-as ou criticando-as. Esse é o caráter contínuo da educação e que a faz imprescindível para a sobrevivência da espécie.

No mundo moderno, a educação se desenvolve em variados espaços dos quais o principal é a escola. Mas não só ela assume a função de educar. Sem contar a família – não importa a forma com que ela hoje se apresenta – em cuja vivência sempre se aprende a socialização inicial, quer numa direção aceita pela sociedade quer encaminhando para a clandestinidade onde vivem certos adultos (gangues, milícias), também a igreja, os grupos de vizinhança, os grupos diversos de amigos, os grêmios estudantis e de outros tipos e, para os mais velhos, o sindicato, os escritórios, os partidos políticos, a fábrica ou qualquer outro ambiente de trabalho são todos estâncias de educação.

Enquanto a escola exerce sua função sobretudo na educação inicial, formal, os demais grupos fazem parte do que se costuma chamar de educação permanente ou educação continuada, que ocorre ao longo da vida.

Desenvolve-se, em todos esses, a habilidade do letramento, necessária, no mundo moderno, para a apreensão de novos saberes.

Trata-se de uma concepção de letramento ideológico, diverso do letramento individual posto pelo grupo social dominante e que, muitas vezes, é utilizado como fator de exclusão. Sobre o tema, Street (2007, p. 427) dispõe que:

> *O fato de uma forma cultural ser dominante é, no mais das vezes, disfarçado por trás de discursos públicos de neutralidade e tecnologia, nos quais o letramento dominante é apresentado como único letramento. Quando outros letramentos são reconhecidos, como, por exemplo, nas práticas de letramentos associadas a crianças pequenas ou a diferentes classes ou grupos étnicos, eles são apresentados como inadequados ou tentativas falhas de alcançar o letramento próprio da cultura dominante.*

Ocorre que a sociedade contemporânea inclui o letramento dominante como pressuposto de qualificação para o exercício da cidadania plena. E é necessário lembrar que cidadão, modernamente considerado, não é somente aquele que está na *cidade* ou na comunidade com cujos membros deve dividir, direta ou indiretamente, as decisões quanto às formas explícitas ou tácitas de convívio, aí incluindo o desenvolvimento do conjunto de valores considerados *humanos*, tais como solidariedade, respeito ao outro, acolhimento não só do igual como do *diferente*, entendendo sua importância para o enriquecimento do todo. A cidadania inclui a garantia de direitos que são de todos: de viver em condições adequadas, com saúde, habitação, educação formal (à qual deve ter acesso, permanência e aprendizagem eficaz), trabalho e tudo mais que lhe permita uma vida digna, em liberdade.

Por sua importância, é preciso salientar que educação com vistas à cidadania supõe abertura para o outro, inclusão, aceitação da diversidade. É, assim, a educação que transforma o indivíduo em cidadão.

Por outro lado, considere-se que é muito difícil que o indivíduo se eduque sozinho. O grupo é condição para que a educação se exerça. As conquistas da humanidade que são autorais, se bem observadas, decorreram de relações anteriores até que alguém reuniu todos os pedaços em uma coisa nova. Na escola, por exemplo, não só o professor educa. Todos se educam em conjunto, o mestre e os alunos e mais: toda a ambiência escolar.

Acrescente-se, ainda, que liberdade na constituição e na permanência grupal é imprescindível. A liberdade acompanhada de responsabilidade e respeito ao outro é, aliás, o caldo de cultura onde melhor se desenvolve a educação seja qual for a situação educativa: família, escola, trabalho etc. Não esquecer, também, que no interior de todo e qualquer grupo se repete a trama de inter-relações de que é feita a sociedade. Entender essa trama e trabalhar com suas características que diferem nos vários grupos sociais constituindo a cultura de cada segmento, identificando e incorporando a diversidade, aceitando esse espaço como a base da qual deve nascer o crescimento e o desenvolvimento grupal é compreender a educação como elemento agregador indispensável para a existência humana.

Nesse contexto, o indivíduo que se encontra tolhido de participar do meio universitário não perde somente a educação formal ali ensinada, como todo o convívio social acadêmico e os resultados positivos que isso pode gerar como forma de lhe fornecer capital cultural, social e, em consequência, econômico.

3.3. A educação como fator de exclusão e o sistema de cotas para ingresso nas universidades públicas

O sistema educacional no Brasil se projeta de forma a favorecer a elite branca das classes médias e classe alta, dadas as condições de ensino a que estão submetidos os estratos mais pobres da população, com base nos dados apresentados pelo IBGE, através da análise dos gráficos apresentados neste livro .

A falta de acesso à educação formal de qualidade, além da impossibilidade de dedicar-se somente à sala de aula, o que é uma realidade entre os negros das camadas mais baixas que, em sua maioria, precisam trabalhar para complementar a renda familiar, contribui para a desigualdade racial do país de forma muito intensa.

De fato, as escolas públicas de ensino infantil, fundamental e médio costumam ser de baixa qualidade – ou, ao menos, de qualidade muito inferior às escolas privadas acessíveis aos brancos de classe média – o que geralmente impede que esses alunos consigam obter a formação necessária para ingresso em universidades públicas, sem que haja uma atuação do Estado nesse sentido.

Ademais, cumpre ressaltar que os negros, em sua maioria, pobres, não têm as mesmas condições educacionais dos brancos, dado o fato de que seus pais não possuem instrução escolar suficiente para auxiliá-los nas atividades complementares de casa. Trata-se de uma realidade que traduz um efeito em cascata da exclusão do negro do sistema formal de educação de qualidade.

Com poucas referências de sucesso em sua rede de relações, o que decorre da ausência de capital cultural e social, e com a dificuldade de conciliar trabalho e estudo, muitos alunos negros abandonam as escolas bem antes de completarem o ensino médio e aqueles que conseguem se manter até a conclusão desse nível não têm condições de competir, em igualdade de condições, com os brancos (egressos de escolas privadas), por uma das vagas nas universidades públicas, haja vista a forma como se estrutura o processo seletivo de ingresso.

É bem verdade que, a partir do final da década de 1990, com a expansão do ensino básico, muitos estudantes negros passam a ter uma escolaridade maior, inclusive com a conclusão do ensino médio. Nesse sentido, Sales et al. (2008, p. 914) afirmam:

> Nas últimas décadas nosso país passou a ter expansão na educação básica, e temos uma boa parte dos nossos estudantes concluindo-a. Todavia, considerando as péssimas condições de vida da maioria absoluta dos nossos estudantes, a (falta de) qualidade de ensino oferecido a eles, bem como o racismo, o sexismo, a homofobia, entre outras discriminações contra eles em nossas escolas, a competição por vagas em nossas melhores universidades, entre os estudantes de escolas públicas

e os alunos mais ricos que estudam em escolas particulares, é muito desigual.

Assim, como esses negros não têm condições de arcar com o ensino superior em instituições privadas e não conseguem ingressar nas universidades públicas, diante da dificuldade de serem aprovados no exame de admissão, em regra, param os estudos.

A ausência de qualificação normalmente enseja a sua inclusão no mercado de trabalho em empregos menos qualificados, com menor renda, impedindo o sustento da família com pagamento de escola privada de qualidade aos seus filhos e, assim, a história se repete de geração a geração.

Trata-se de efeito em cascata que mantém a situação do negro em empregos de menor renda e, consequentemente, excluído da elite econômica da sociedade e, muitas vezes, tolhido dos serviços necessários a uma vida com dignidade.

Diante desse cenário, o Estado passou a reconhecer, inclusive após a pressão exercida pelo Movimento Negro Unificado, que a heterogeneidade da educação é um dos fatores mais relevantes para a diferença de renda entre brancos e negros, concluindo pela necessidade da intervenção pública, por meio da instituição das ações afirmativas com vistas a proporcionar uma diminuição das desigualdades existentes entre os grupos étnicos nacionais (GARRIDO et al., 2014).

Dentre essas ações, se destaca e ganha relevo, o sistema de cotas para ingresso na universidade pública; como assevera Mello (2002):

É preciso buscar-se a ação afirmativa. A neutralidade estatal mostrou-se nesses anos

> um grande fracasso; é necessário fomentar-se o acesso à educação; urge um programa voltado aos menos favorecidos, a abranger horário integral, de modo a tirar-se meninos e meninas de ruas, dando-se lhes condições que os levem a ombrear com as demais crianças. E o Poder Público, desde já, independentemente de qualquer diploma legal, deve dar à prestação de serviços por terceiros uma outra conotação, estabelecendo em editais, quotas que visem a contemplar os que tem sido discriminados.

Importa reafirmar que o acesso às universidades públicas não representa somente o acesso ao ensino, mas a participação do negro na vida acadêmica e a inserção em espaços, até então, restritos ao grupo étnico dominante. Trata-se de uma criação de novos paradigmas, ensejando a possibilidade de essa população assumir um novo papel na sociedade, qual seja, o de produtor de conhecimento científico.

Nesses termos, os novos graduados em diversas áreas servirão de paradigma para as novas gerações, criando nos negros o sentimento real de que podem alcançar o sucesso profissional em qualquer uma das áreas do conhecimento, atingindo a autoestima dessa população de forma positiva.

Acerca do tema, Bolonha (2012, p. 124) afirma:

> No âmbito das universidades, as cotas sociais e raciais significam a efetivação de uma discriminação positiva, capaz de ampliar a diversidade cultural, racial e social nas instituições de ensino. Mais ainda, entende-se que, em longo prazo, elas seriam responsáveis por mudar substancialmente

> *a composição daqueles que ingressam na universidade pública, tanto no corpo discente quanto docente, ajudando a suprimir possíveis estereótipos ou hostilidades na vida universitária e no convívio geral da comunidade.*

Da mesma forma, o acesso de negros às universidades públicas é saudável ao próprio espaço universitário, em razão da pluralidade de informações e culturas que deverão conviver no meio acadêmico. Assim, se substitui o conhecimento científico estagnado, que parte de pressupostos epistemológicos dominantes na elite intelectual, e se passa a admitir novos pontos de vista acerca dos mesmos assuntos.

Então, a educação e o conhecimento científico deixam de atuar somente em favor do grupo étnico dominante, sendo inseridas novas perspectivas, analisadas a partir de culturas e condições de vida diferentes.

Ademais, vale ressaltar que a noção de cidadania no Estado contemporâneo está diretamente ligada à inclusão do indivíduo em determinada sociedade e que essa inclusão não se limita à participação formal, por meio do direito de votar e trabalhar. Em verdade, a cidadania é encarada como a plenitude dos direitos civis, políticos e sociais e acesso aos serviços de qualidade.

Assim, o pleno exercício da cidadania exige domínio de conhecimento e habilidade para o exercício de práticas das atividades sociais, reconhecimento de seus valores culturais, morais e religiosos, além de acesso à real possibilidade de participação na vida política de uma determinada sociedade, bem como a garantia dos direitos sociais.

Nesse contexto, a exclusão social e exploração impedem o pleno exercício do direito à cidadania. A ausência de educação formal tem o mesmo efeito. A maioria dos negros não só é excluída dos meios de produção e acesso aos serviços básicos, como é discriminada pelo racismo estrutural existente, o que impede sua ascensão, isso porque, conforme já explicitado, o grupo étnico subalternizado se confunde, em sua maioria, com a classe social menos favorecida.

Permitir o acesso ao conhecimento epistemológico e aos meios de produção, por meio da sua inserção em um contexto universitário, significa reduzir esse abismo que mantém o jovem negro na pobreza, sem qualquer perspectiva de mudança.

Boneti (2009, p. 61) retrata essa situação de forma muito esclarecedora, dispondo que:

> *A educação[...] se constitui de um importante instrumento de construção da cidadania na medida em que instrumentaliza a população de classes sociais baixas no enfrentamento do monopólio efetuado pelas classes dominantes (média e alta) no acesso aos bens sociais e serviços, na apropriação da riqueza produzida pelo trabalho, na apropriação das habilidades e práticas sociais a partir da lógica capitalista.*

Da mesma forma, Garrido et al. (2014, p. 23) assevera que:

> *Dentre os argumentos favoráveis às cotas nas universidades públicas, cita-se o fato de que esse nível de ensino promove mobilidade social, sendo ele um locus importante de troca de experiências, conhecimentos científicos, econômicos, políticos e sociais entre aqueles que, mais provavelmente, administrarão a nação.*

Nesse sentido, a abertura de espaço para o ingresso em universidades públicas se faz necessária para permitir seu acesso aos direitos inerentes à cidadania e sua inclusão na sociedade de forma isonômica em relação aos demais grupos étnicos.

3.4. Sistema de cotas legalmente instituído nas universidades públicas brasileiras

A Lei que instituiu o regime de cotas nas Universidades Públicas Federais é a Lei nº 12.711/12, todavia, o primeiro caso de criação de política de cotas, no Brasil, ocorreu em 2003, na Universidade Estadual do Rio de Janeiro (UERJ), que reservou, do total de vagas para o vestibular do ano seguinte (2004), 20% para alunos de rede pública, 20% para negros e 5% para deficientes. No caso, a regra definia que os candidatos poderiam concorrer somente por uma das modalidades, devendo ainda comprovar carência financeira (SISTEMA...., 2013).

Posteriormente, ainda no ano de 2003, a Universidade de Brasília adotou a política de cotas raciais em seu processo seletivo (VELOSO, 2018).

A Lei nº 12.711 foi regulamentada, no mesmo ano, pelo Decreto nº 7.824/2012, que define as condições gerais de reservas de vagas. Foi concedido às Universidades um prazo de 4 anos para se ajustarem às novas regras e implementarem paulatinamente o sistema de cotas raciais (BRASIL, 2012). Em 2013 – ano seguinte à edição da lei – consoante determinado pelo art. 8º do Decreto nº 7.824/2012 as universidades já estavam obrigadas a reservar, ao menos, 25% das vagas destinadas a cotas sociais e raciais, por ano, até o cumprimento integral das vagas.

Nesse contexto, a legislação destina 50% de vagas em universidades e instituições de ensino federais aos alunos egressos de escolas públicas. Dentro desse percentual, existem subdivisões com base em critério social e racial. Assim, a metade dos 50% será reservada para alunos com renda inferior a 1,5 salário-mínimo. Outra parte das vagas é para candidatos pretos, pardos ou indígenas, de acordo com a proporção populacional de cada estado, seguindo os dados apresentados pelo Instituto Brasileiro de Geografia e Estatística (IBGE) (BRASIL, 2012).

Nesse sentido, dispõe o art. 3º da Lei nº 12.711/2012 que:

> Art. 3º Em cada instituição federal de ensino superior, as vagas de que trata o art. 1º desta Lei serão preenchidas, por curso e turno, por autodeclarados pretos, pardos e indígenas e por pessoas com deficiência, nos termos da legislação, em proporção ao total de vagas no mínimo igual à proporção respectiva de pretos, pardos, indígenas e pessoas com deficiência na população da unidade da Federação onde está instalada a instituição, segundo o último censo da Fundação Instituto Brasileiro de Geografia e Estatística – IBGE (BRASIL, 2012).

A ilustração a seguir apresenta de forma sistematizada como funciona o sistema de cotas atualmente nas universidades federais brasileiras e foi elaborada pela Politize (2020), que é uma organização não governamental sem fins lucrativos que atua na busca do respeito à pluralidade social.

Figura 1: Sistema de cotas atualmente nas universidades federais brasileiras. Ano: 2019

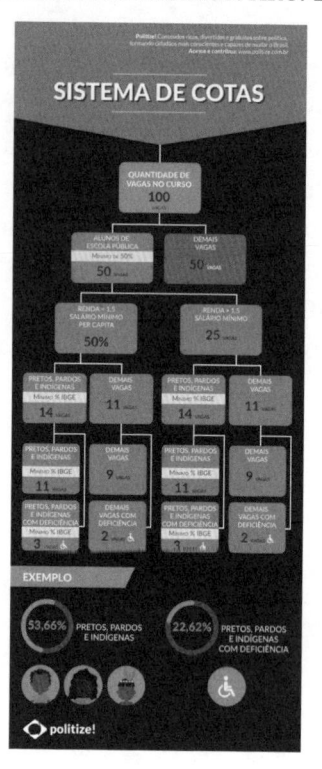

Fonte: Politize (2020)

A referida Lei nº 12.711/2012 cria a ação afirmativa de cotas aplicável somente para as universidades e institutos federais. Contudo, muitas Universidades Públicas Estaduais em todo o país também adotaram políticas de cotas com reserva de vagas nos vestibulares. Além da criação de sistemas de cotas pelas universidades estaduais, alguns estados possuem leis que tratam da distribuição de vagas através de cotas raciais e sociais.

A título de exemplo, a Universidade Estadual da Bahia (UNEB) reserva 40% das vagas para candidatos negros que tenham cursado todo o 2º ciclo de ensino fundamental (6º ao 9 ano) e todo o ensino médio em escola pública, com renda familiar inferior a 4 salários-mínimos (UNEB..., 2019).

3.5. A importância do movimento negro unificado na criação do sistema de cotas para ingresso nas universidades públicas

É importante ressaltar a relevância do Movimento Negro Unificado organizado no Brasil para essa conquista social que foi a adoção de ações afirmativas no âmbito da educação e, assim, permitir o acesso do contingente de não brancos às Universidades Públicas Federais e Estaduais.

Com efeito, a partir da década de 1970, o referido movimento (que, no entendimento de seus membros, existe desde a época da escravidão, representado por Zumbi dos Palmares) passa a ter papel atuante de pressão ao Estado no sentido de exigir a criação de ações afirmativas para minimizar as diferenças entre os grupos étnicos, na sociedade brasileira.

De fato, a criação efetiva do Movimento Negro Unificado (MNU) se dá em 1978, conforme explica Sales (2019):

> *A exclusão social e racial permanece após décadas do período abolicionista, limita o ingresso dos negros/as nas universidades, e qualifica-o como marginal. A militância pela ruptura das desigualdades e injustiças sociais fez emergir o Movimento Negro Unificado (MNU), 90 anos após a abolição.*
>
> *O surgimento do MNU data o ano de 1978[6], em decorrência do protesto pela morte do feirante Robson Silveira da Luz, torturado e morto por policiais do 44º departamento dos Guaianazes- SP, ao*

ser acusado de roubar frutas em seu local de trabalho. A agressividade da qual Robson sofrera, sem averiguação do caso, apenas por ser negro, fez com que negros e negras saíssem às ruas em protesto, nascendo assim o MNU, em tempos de Ditadura.

Nesse mesmo ano, o MNU estabeleceu a data de 20 de novembro como dia da consciência negra, um grande marco na formação da identidade racial brasileira.

Em verdade, o Movimento Negro Unificado avança na demonstração de que a questão racial influencia as desigualdades sociais existentes na sociedade brasileira e auxilia na formação de uma identidade do grupo étnico não branco. Nesse sentido, Gomes (2012, p. 734) assevera que:

> A partir do final dos anos de 1970, o movimento negro, juntamente com alguns intelectuais negros e não negros, alertou a sociedade e o Estado para o fato de que a desigualdade que atinge a população negra brasileira não é somente herança de um passado escravista, mas, sim, um fenômeno mais complexo e multicausal, um produto de uma trama complexa entre o plano econômico, político e cultural.

Gonçalves e Silva (2000) afirmam, inclusive, que sem a existência e consistência do MNU, o tema da racialização da sociedade não seria alvo de discussões na agenda política nacional.

A década de 1990 também foi marcada por lutas constantes no reconhecimento da racialização da sociedade brasileira. Em 1995, foi realizada a "Marcha Nacional Zumbi dos Palmares contra o Racismo, pela Cidadania e a Vida", em Brasília, no dia 20 de novembro, já então definido como "Dia da Consciência Negra". Ao, então presidente da República, Fernando Henrique Cardoso, foi entregue um "Programa para Superação do Racismo e da Desigualdade Étnico-Racial". Entre outras questões, o documento já tratava da necessidade de implementação de ações afirmativas na área da educação e acesso ao mercado de trabalho.

Em 2002, após a pressão dessa instituição, o Presidente Fernando Henrique Cardoso criou o Programa Nacional de Direitos Humanos II, com o intuito de implementar ações de combate às desigualdades raciais no país. Também nesse ano, após a pressão exercida pelo Movimento Negro Unificado em relação à necessidade de políticas de ações afirmativas na área de educação, foi implementada a primeira experiência de cotas de acesso a negros em Universidades Públicas, no Brasil, na Universidade Estadual do Rio de Janeiro. Sobre o tema, Domingues (2009, p. 988) relata:

> *A partir do final da década de 1990 e início da década posterior, as atenções do movimento negro foram canalizadas para o debate em torno das ações afirmativas, sobretudo na sua versão mais polêmica, o programa de cotas para negros nas universidades públicas. Um marco desse processo foi a aprovação pela Assembleia Legislativa do Estado do Rio de Janeiro, em 2002, da reserva de 40% das vagas para alunos negros no vestibular da Universidade do Estado do Rio de Janeiro – Uerj – e da Universidade Estadual do Norte Fluminense – Uenf.*

No ano de 2003, o Movimento Negro Unificado (MNU) atuou ativamente na alteração dos currículos escolares, implementada pela Lei nº 10.639 de 9 de janeiro de 2003, tornando impositivo o Ensino nas escolas de História e Cultura Afro-brasileira. Essa lei é considerada muito relevante na introdução de uma educação antirracista no país (BRASIL, 2003).

Afinal, como explica Gonçalves (2008), a educação reproduz a ideologia do grupo étnico dominante, valorizando sua cultura e ancestralidade e marginalizando todas as concepções diversas. Com a inclusão dos estudos acerca da cultura afro-brasileira, se passa a permitir o acesso a diversas manifestações culturais, deixando de ser vista uma delas como legítima e as demais como marginais. É um incipiente estabelecimento de uma educação inclusiva.

Munanga (2006) também ressalta a importância do estudo da cultura afro-brasileira como meio de se facilitar a formação de uma identidade negra, evitando-se exaltar somente a cultura europeia como superior a todas as demais.

Entre outras lutas por diminuição das desigualdades, a criação de um sistema de cotas para ingresso de negros em universidades públicas se tornou uma das bandeiras mais relevantes do Movimento Negro Unificado, culminando na edição e publicação da Lei nº 12.711/2012 nos moldes explicitados neste capítulo.

3.6. Críticas ao sistema de cotas raciais para ingresso nas universidades públicas

O surgimento da política de cotas não deixou de enfrentar diversas críticas e resistências à sua implementação. Inicialmente, tais críticas baseavam-se no fato de que a criação de um sistema de cotas iria formar uma sociedade racializada, fomentando uma divisão entre negros e brancos, até então, supostamente, inexistente.

Ocorre que a racialização da sociedade brasileira se dá desde sua colonização com a vinda dos negros para exercerem atividades de produção como trabalho escravo, conforme levantamento histórico apresentado na fase inicial deste livro.

Como foi visto, o racismo estrutural está impregnado em nossa sociedade, criando, por meio de uma falsa democracia racial, privilégios ao grupo dominante e impedindo o acesso a serviços de qualidade aos negros, postos efetivamente à margem da sociedade.

Dizer que a racialização da sociedade seria implementada com o sistema de cotas é negar todo o sistema de dominação vigente de exclusão dos negros dos melhores empregos, das oportunidades educacionais, da auferição de renda, da moradia em bairros nobres, por exemplo.

Assim, a pretensa democracia racial brasileira, nesse argumento, passa a ser usada em detrimento das ações afirmativas, como meio de se manter o quase monopólio das instituições públicas de ensino superior que, antes da implementação das ações afirmativas de ingresso, funcionavam a serviço da elite branca.

Bento (2002, p. 3) trata do tema de forma bem elucidativa ao explicar que:

> *Na verdade, o legado da escravidão para o branco é um assunto que o país não quer discutir, pois os brancos saíram da escravidão com uma herança simbólica e concreta extremamente positiva, fruto da apropriação do trabalho de quatro séculos de outro grupo. Há benefícios concretos e simbólicos em se evitar caracterizar o lugar ocupado pelo branco na história do Brasil. Este silêncio e cegueira permitem não prestar contas,*

> *não compensar, não indenizar os negros: no final das contas, são interesses econômicos em jogo. Por essa razão, políticas compensatórias ou de ação afirmativa são taxadas de protecionistas, cuja meta é premiar a incompetência negra.*

Em contrariedade ao sistema de cotas raciais, alguns defendem a criação de um sistema baseado somente em critérios socioeconômicos, ou seja, a manutenção das cotas para os alunos de baixa renda, independentemente da cor da pele. No entanto, Ricardo Juovepavicius Gonçalves, examinando o julgamento da ADPF 186 (ação de descumprimento de preceito fundamental nº 186), que analisou o sistema de cotas no Supremo Tribunal Federal, defende que:

> *Nessas argumentações, menciona-se diversas vezes que a desigualdade social está diretamente ligada a um racismo que é estruturante da sociedade brasileira e, por esse motivo, as políticas de ações afirmativas estariam em consonância com a Constituição no que tange a redução das desigualdades sociais, a não discriminação e a promoção da igualdade (GONÇALVES, 2018, p. 155).*

De fato, a pobreza extrema e as diferenças sociais intensas existentes no Brasil decorrem principalmente do racismo vigente historicamente nessa sociedade que posiciona a maioria dos negros na base da pirâmide social, com acesso limitado ou, até mesmo, sem acesso a condições mínimas de vida digna e serviços essenciais.

Mais uma vez, cabe apresentar as lições de Bento (2002, p. 3) sobre o tema, ao definir que:

Evitar focalizar o branco é evitar discutir as diferentes dimensões do privilégio. Mesmo em situação de pobreza, o branco tem o privilégio simbólico da brancura, o que não é pouca coisa. Assim, tentar diluir o debate sobre raça analisando apenas a classe social é uma saída de emergência permanentemente utilizada, embora todos os mapas que comparem a situação de trabalhadores negros e brancos, nos últimos vinte anos, explicitem que entre os explorados, entre os pobres, os negros encontram um déficit muito maior em todas as dimensões da vida, na saúde, na educação, no trabalho. A pobreza tem cor, qualquer brasileiro minimamente informado foi exposto a essa afirmação, mas não é conveniente considerá-la.

Assim, o discurso de que as cotas beneficiam indevidamente essa população é infundado, sendo essa ação afirmativa, em verdade, uma forma de tentar criar reais condições similares de acesso ao ensino público de nível superior e, consequentemente, conferir aos negros maior possibilidade de ascensão social.

Entre as críticas contrárias a essa política, também se podem encontrar defensores da meritocracia, que alegam que o acesso ao ensino público superior deverá basear-se somente no mérito e que qualquer ingerência em sentido contrário seria violadora da igualdade.

Em verdade, é perversa a alegação porque remeteria ao entendimento de que a ausência de negros nas universidades públicas estaria vinculada diretamente à falta de méritos dessa população, quando a realidade se mostra totalmente diferente.

Contudo, conforme explicitado anteriormente, enquanto os alunos brancos, em sua maioria, pertencentes às camadas média e alta da população, podem-se dedicar todo o tempo aos seus estudos em escolas de qualidade, bilíngues e até multilíngues, os negros frequentam (quando é possível) escolas públicas de baixa qualidade e precisam trabalhar para garantir uma renda melhor na família.

Frente a essas duas realidades e considerando a heterogeneidade dessas situações, não se pode falar em (ausência de) mérito para nenhum dos dois grupos. Nessas condições, o sistema jurídico, levando em consideração as diferenças existentes entre as duas realidades, cria uma forma de tentar equalizar essa disputa pelo acesso ao ensino superior. E o faz em respeito à igualdade e não o contrário.

Além disso, o discurso de meritocracia costuma vir acompanhado da alegação de que existe uma necessidade de escola de ensino básico de qualidade para todos. Ocorre que, diante do cenário atual, enquanto a melhoria radical no ensino fundamental e médio públicos não for implementada, não se pode deixar à margem da escolarização de ensino superior os negros egressos de escolas estatais. Oliveira Filho (2009, p. 434-435) retrata esse entendimento, ao expor que:

> *A escolarização de qualidade apresenta-se como condição necessária e suficiente para resolver os problemas de acesso dos negros à universidade. Aos negros pede-se mais paciência, dizendo-lhes, implicitamente, que, no futuro, quando a escola pública brasileira melhorar, eles poderão competir em igualdade de condições.*

Nessa esteira, vale lembrar que o sistema de cotas já existe no Brasil para outras situações em que se faz necessária a implementação da ação afirmativa, sem que haja tanta dificuldade de aceitação social, como ocorre nas cotas reservadas a deficientes em concursos públicos (art. 5, parágrafo segundo da Lei nº 8.112/1990. BRASIL, 1990). Em nenhum caso, a discussão foi tão acirrada como no caso das cotas de cunho racial.

Santos (2012, p. 406), tratando do tema, dispõe que:

> O que se observa é menos crítica à adoção de ações afirmativas para diversos grupos e populações marginalizadas, mas fundamentalmente, quando as ações afirmativas se reportam aos negros, principalmente, no que concerne ao sistema de cotas.

Há ainda uma crítica acerca da qual se faz necessária a discussão. Há quem defenda que o ingresso de negros por meio de um sistema de cotas iria reduzir a qualidade de ensino das universidades públicas, dada a incapacidade do indivíduo que se valeu da ação afirmativa de acompanhar, em alto nível, as discussões travadas na Universidade Pública.

Nessa crítica, se defende a ideia de que o negro ingresso por meio do sistema de cotas não teria qualificação suficiente ou o "letramento" necessário para se inserir no meio acadêmico.

A verdade é que existe um entendimento baseado em senso comum de que os aprovados no vestibular dominam o conhecimento necessário para ingressarem no ensino superior e, sendo assim, *a contrario sensu*, os discentes que não conseguiram essa aprovação sem o "auxílio" do sistema de cotas não teriam essas habilidades.

Todavia, a escrita acadêmica (artigos, dissertações, teses) não são aprendidos no ensino básico ou mesmo exigidos nos processos seletivos de ingresso e, portanto, essas habilidades são construídas durante a vivência universitária.

Além disso, consoante indicado em tópico anterior deste livro, ao analisar o conceito de letramento, podemos fazê-lo por meio de duas perspectivas diferentes. A visão tradicional de letramento, que toma por base somente o aprendizado no formato imposto pela classe dominante, vem, modernamente, sendo enxergada como fator de exclusão e, em razão disso, rechaçada pelos estudiosos mais modernos. Tratando do tema, Juliana Silva Santos, ao explicitar o letramento analisado pela concepção tradicional, explica que:

> *Trata-se de uma visão funcionalista, já que aponta para a necessidade de aquisição de determinadas habilidades específicas por parte dos indivíduos para que possam agir nos espaços sociais. Por essa ótica, o letramento seria responsável por produzir resultados importantes, como o desenvolvimento cognitivo, econômico, profissional e de cidadania (SANTOS, 2019b, p. 7).*

Todavia, estudiosos como Kleiman (1995) passam a defender uma visão ideológica de letramento, devendo ser considerada outra perspectiva que não essa individual do termo.

Considerando a perspectiva individual tradicional, a escola é a única capaz de formar o letramento do indivíduo, não se considerando fatores sociais e outras relações travadas em sociedade para a formação das suas habilidades.

Nesse sentido, a escrita formal e a leitura seriam códigos sem os quais o indivíduo não teria acesso ao conhecimento. A perspectiva ideológica admite outras fontes de aquisição das habilidades, levando em conta o contexto social em que o indivíduo se insere, não admitindo somente o letramento nos moldes aceitos pelo grupo dominante. Assim, esse letramento pode ser adquirido também em outras relações travadas na família, nas comunidades, nas igrejas e em outros espaços de convívio social.

Em razão disso, Santos (2019b, p. 10) conclui que:

> É por esse viés que aproximamos a discussão dos letramentos e dos letramentos acadêmicos ao contexto de implementação da política de cotas raciais em instituições de ensino superior. A entrada na universidade de grupos sistematicamente marginalizados de espaços consagrados para a produção do conhecimento implica pôr em prática o entendimento de que ser letrado é o resultado de aprendizados que são de ordem não apenas epistemológica e individual, mas também de trajetórias, culturas e das identidades.

Enfim, o espaço universitário ganha muito com a presença de novas perspectivas de letramento e com a inserção de grupos excluídos das escolas tradicionais de classe média, criando uma pluralidade saudável para o ambiente educacional de ensino superior.

Obviamente, não basta permitir o ingresso do negro nas universidades públicas, mas também permitir a participação de sua cultura no meio acadêmico e admitir as formas alternativas de letramento como meios para a aquisição do conhecimento para além da educação formal. Inclusive, Sito (2018, p. 826) destaca que:

> As ações afirmativas não devem se limitar simplesmente à reserva de vagas, mas fazer parte de um projeto maior de transformação social e reforma educativa, composto por políticas públicas como o desenvolvimento de projetos de educação bilíngue, de departamentos de estudos étnicos nas universidades, de bolsas e programas de apoio a estudantes de setores subalternizados.

Desde que haja um processo de inclusão mais amplo, a inserção do negro trará benefícios sociais e acadêmicos à estrutura da vivência universitária.

Ademais, os estudos que tratam da adaptação dos negros ingressos pelo sistema de cotas têm demonstrado que esses alunos se inserem no contexto universitário sem qualquer dificuldade ou distanciamento em relação aos demais.

Os resultados de desempenho escolar dos estudantes cotistas têm sido muito satisfatórios e, ao longo dos últimos oito anos, desde a edição da Lei nº 12.711/2012, a criação da ação afirmativa não reduziu a qualidade de ensino, ao contrário, trouxe mudanças positivas no corpo discente e docente das universidades públicas brasileiras.

A título de exemplo, podem ser citados os estudos implementados na Universidade de Brasília por Velloso (2009) que concluíram, após acurada pesquisa interna, que não há considerável diferença de desempenho escolar, entre alunos cotistas e não cotistas. O referido autor conclui que "de todo modo, considerando os resultados aqui discutidos, tudo indica que correções como as almejadas virão a ter êxito, sem qualquer prejuízo para o padrão acadêmico da universidade, a despeito do que vem sendo afirmado por muitos dos críticos da reserva de vagas" (VELLOSO, 2009, p. 621-644). Essa mesma conclusão é obtida por Wainer

(2018) ao fazer uma análise do desempenho de alunos cotistas com base em dados do ENADE 2012/2014.

Da mesma forma, Santos (2013), em uma cuidadosa análise de desempenho de estudantes ingressos pelo sistema de cotas na UFBA, conclui que os alunos cotistas têm desempenho escolar similar aos do não cotistas, inclusive em cursos de maior prestígio e concorrência como medicina. Assim, explicita o autor que:

> *As informações sobre o desempenho de estudantes cotistas e não cotistas, nos dois primeiros vestibulares com o sistema de cotas, mostravam que a distância entre as médias de desempenho dos dois grupos era pouco significativa, na maioria dos cursos considerados de elevado prestígio social e alta concorrência, como evidencia o gráfico 12. No curso de Medicina, por exemplo, considerado o de maior concorrência e mais alto prestígio, na UFBA, a diferença entre as médias dos dois grupos não chegava a um ponto percentual (SANTOS, 2013, p. 57).*

Assim, pode-se chegar à conclusão de que o ingresso de alunos cotistas contribui muito para a pluralidade nas universidades públicas e em nada prejudica a qualidade do ensino superior público no Brasil.

3.7. Aumento de participação do negro nas universidades após a implementação das cotas raciais

Analisada a importância da inserção do negro nas universidades públicas como forma de garantia da isonomia material e como meio de garantir a ascensão social desse grupo historicamente excluído na sociedade brasileira, passa-se a verificar se a implementação da referida ação afirmativa conseguiu atingir o efeito ao qual se destinava, qual seja, a formação de negros de nível superior, aptos a ingressar no mercado de trabalho em postos qualificados e remuneração condizente com essa qualificação.

De fato, o gráfico 12 demonstra a evolução da inclusão do negro nas universidades públicas antes e após a criação do sistema de cotas, o que ocorreu, de forma ampla, a partir de 2012.

Gráfico 12: Proporção dos estudantes de 18 a 24 anos de idade que frequentam o ensino superior, por cor ou raça – Brasil – 2004/2014

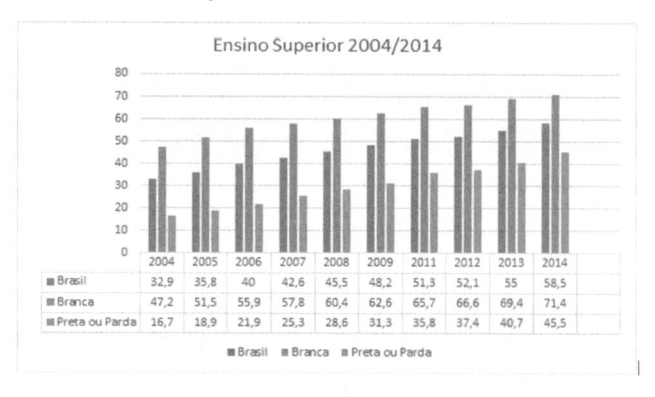

Ensino Superior 2004/2014	2004	2005	2006	2007	2008	2009	2011	2012	2013	2014
Brasil	32,9	35,8	40	42,6	45,5	48,2	51,3	52,1	55	58,5
Branca	47,2	51,5	55,9	57,8	60,4	62,6	65,7	66,6	69,4	71,4
Preta ou Parda	16,7	18,9	21,9	25,3	28,6	31,3	35,8	37,4	40,7	45,5

Fonte: IBGE, PNAD (2004/2014)

Pode-se notar, analisando o gráfico 12, que, em 2004, 47,2% dos jovens no ensino superior eram brancos, enquanto os negros eram representados somente com 16,7%.

O que se nota, efetivamente, é que o acesso a universidades públicas e ao ensino público superior e técnico para os negros sempre foi dificultado pela falta de políticas voltadas a sua inserção na sociedade, garantindo assim o privilégio do grupo étnico dominante e a submissão do contingente negro oprimido, de modo que, em 2004, dos jovens em idade universitária que frequentavam uma faculdade, menos de 17% eram pretos ou pardos. Esse número aumentou, no ano de 2014, após a criação do sistema de cotas pela Lei nº 12.711/2012, quando os alunos negros somam 45% dos jovens nas universidades públicas.

Assim, conclui-se que houve, não somente uma melhora no ensino superior, com a ampliação de vagas e maior acessibilidade a toda a população, como também um aumento significativo da inserção dos negros.

Os dados são ainda mais animadores nos anos seguintes. Em 2018, os negros representavam cerca de 50% dos estudantes de universidades públicas, conforme se depreende do gráfico 13.

Gráfico 13: Pessoas que frequentam instituição de ensino, por raça, com indicação do coeficiente de variação, segundo características selecionadas – 2018

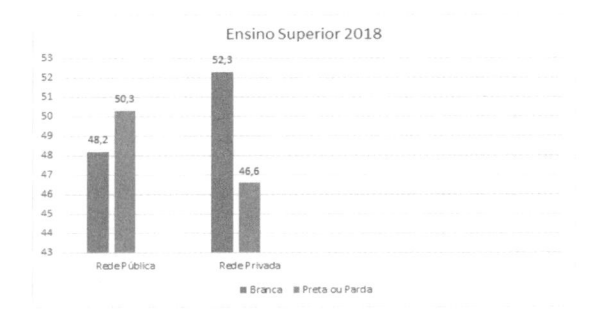

Fonte: IBGE, PNAD Continua, 2º trimestre (2018)

Com efeito, os dados demonstram que a ação afirmativa de cotas tem permitido um acesso mais amplo de negros às universidades públicas o que se traduz em um meio de se tentar minimizar o abismo social existente entre os grupos étnicos no Brasil, podendo fomentar uma ascensão social do grupo inferiorizado por meio da educação e consequente inserção no mercado de trabalho em postos qualificados e bem remunerados.

Todavia, o que se demonstra nesta obra é que os números animadores não são encontrados quando se busca analisar a participação dos negros egressos das universidades nos estratos mais elevados da pirâmide ocupacional nas atividades condizentes com sua qualificação, bem como a remuneração desses indivíduos.

Em outras palavras, após a edição da Lei nº 12.711/2012, os indivíduos pertencentes aos grupos étnicos subalternos passaram a ter acesso à educação formal de qualidade, demonstrando toda a aptidão para a vida acadêmica e contribuição para as pesquisas científicas. No entanto, após a conclusão do curso superior, a realidade de inserção no mercado de trabalho qualificado ainda continua sendo marcada pela dificuldade de acesso.

4. Acesso ao mercado de trabalho do negro egresso das universidades

Este capítulo do livro busca refletir sobre o acesso ao mercado de trabalho do negro egresso das universidades como também a forma como se dá esse ingresso e quais os impactos da raça nesse processo.

Foi constatada a importância do sistema de cotas para viabilizar um maior ingresso dos negros nas universidades públicas e sua participação no meio acadêmico, dando-lhe substrato epistemológico para buscar trabalhos que exijam maior qualificação. Dessa forma, Bernardo (2018) explicita que se tem, atualmente, um convívio suportável entre as diferentes raças, com a intenção de criar uma possível brasilidade. No entanto, as diferenças raciais fomentadas pelo grupo étnico dominante contribuem para as diferenças sociais existentes no Brasil.

Todavia, o que se pretende demonstrar é que a simples qualificação não se tem mostrado suficiente para garantir a inserção dos negros no mercado de trabalho qualificado e, enfim, reduzir as maiores desigualdades. Pois, conforme visto ao longo desta leitura, após o término do ensino superior, os jovens negros não encontram as mesmas possibilidades de colocação em atividades condizentes com sua qualificação.

Essa realidade decorre de vários fatores, analisados a seguir.

Inicialmente, o jovem negro egresso da universidade pública não possui um capital social que facilite sua inserção nesse mercado de trabalho qualificado. Isso é fácil de ser entendido, se for lembrado que seus vizinhos, parentes e amigos, em sua maioria, não tiveram acesso à educação superior, dada a realidade brasileira de exclusão histórica, razão pela qual suas relações sociais são travadas com o grupo dos excluídos da sociedade, onde imperam os trabalhos braçais e mal remunerados.

Carvalho (2018) analisa essa situação, mostrando que a distribuição espacial do negro nas grandes cidades também contribui para dificultar o acesso aos melhores postos de trabalho, haja vista a ausência de uma rede de relações qualificada para esse fim. Nesse sentido, aduz que:

> Além disso, como para os trabalhadores de menor escolaridade e renda, informações e acesso às oportunidades de trabalho dependem principalmente de contatos e indicações pessoais, a homogeneidade da vizinhança e a estreiteza das redes se somam à visão negativa e ao estigma residencial que atinge as áreas em apreço, dificultando a integração produtiva de seus moradores (...) (CARVALHO, 2018, p. 5).

Da mesma forma, analisando o tema, Araújo e Ribeiro (2016, p. 175) bem explicitam a situação ao afirmarem que:

> Cabe mencionar que a qualidade da educação formal a que as pessoas negras têm acesso pode contribuir para esse resultado, à medida que tais indivíduos têm maior participação entre a população pobre, que, por sua vez, tem acesso às escolas de pior qualidade. Além do que, a maior incidência da pobreza entre a população negra se conjuga com maior déficit de capitais cultural e social.

Nesse contexto, na maioria das vezes, será oferecida ao jovem negro a possibilidade de exercer trabalhos não condizentes com sua qualificação e aspirações, o que, de fato, se torna imperioso, haja vista sua necessidade de trabalho para sustento e manutenção da família. Ao negro egresso da universidade pública, na qualidade de cotista, não é dada a oportunidade de se manter em casa, sustentado por seus pais, até encontrar melhores condições de trabalho.

Martins (2012) também destaca que o espaço destinado ao negro no mercado de trabalho é caracterizado pelas atividades com menor prestígio e remuneração.

> *Diante das incursões realizadas até o presente momento e das determinações apreendidas, acredito já ter condições de iniciar avançando na hipótese de que o racismo no mercado de trabalho, ao determinar o "lugar" dos(das) negros(as) na estrutura do capitalismo brasileiro, coloca limites/empecilhos, do ponto de vista das condições objetivas, para que os trabalhadores racialmente discriminados participem da constituição política da "questão social" (MARTINS, 2012, p. 149).*

Assim, passando a desenvolver trabalho remunerado em atividades menos qualificadas, esse negro passa a ser visto como um indivíduo sem qualificação, lhe sendo ainda mais travadas as portas para acesso a outros campos de trabalho condizentes com sua graduação, aumentando o preconceito já existente pelo fato de pertencer ao grupo étnico subalternizado na sociedade.

Por já possuir um estereótipo que se compatibiliza com esse tipo de função mal remunerada e subalterna, ele acaba sendo visto pela sociedade em "seu lugar de origem". Afinal, espantoso, dentro da visão da maioria, seria se, em vez de atuar em função subalterna e auxiliar de um grande escritório, esse jovem estivesse a comandar as atividades dos demais advogados.

A Folha de São Paulo, em reportagem de 19/07/2020, aponta estudo científico realizado por Guilherme Hirata e Rodrigo Soares cuja conclusão foi no sentido de que o racismo gera grandes impactos no mercado de trabalho. Assim, dispõe:

> *Nossos resultados, incidentalmente, também sugerem que a discriminação no mercado de trabalho devido ao preconceito de raça é um fenômeno predominante no Brasil (FRAGA, 2020).*

Ademais, além da falta de capital social, o jovem negro egresso do ensino público superior terá contra si a discriminação em todos os seus aspectos. O local de sua habitação não inspira "confiança" aos empregadores, que terão dificuldade de conceder cargos em altos postos de trabalhos, diante do preconceito que lhes é inerente.

Da mesma forma, a aparência desse jovem negro, em muitas profissões, "não é a ideal" para o trato com o público externo, o que enseja a perda do posto para outros candidatos que se adequem melhor ao padrão exigido pelo grupo dominante.

Com efeito, o racismo se manifesta de forma perversa quando o negro é colocado em sua situação de "igualdade intelectual" com o branco e atua no mercado de trabalho em espaço que "não seria cabível a ele". Passos (2015) traz um relato real de uma estudante de medicina cotista na Universidade de Santa Catarina que foi impedida de atender um paciente em razão de sua cor. Segue trecho tratado no artigo:

> *O racismo, em muitos casos negado publicamente, é reafirmado nas práticas cotidianas, como*

relata Nigéria sobre as atividades de estágio em hospitais. Em um deles, uma mãe recusou receber o atendimento da estudante ao filho, que tinha passado por cirurgia pediátrica. Seus colegas e professores a acolheram solidariamente. Em outro caso, era frequente funcionários do hospital confundirem a jovem com enfermeira ou assistente social, ainda que ela se apresentasse como estudante de medicina e tivesse o nome do curso em seu jaleco (PASSOS, 2015, p. 175).

Tratando do tema, Araújo e Ribeiro (2016, p. 175) explicam que:

> Desse modo, a elevação do nível de escolaridade isoladamente não reduz necessariamente a segregação ocupacional segundo sexo e cor, que, na verdade, aumentou ou se manteve estável entre as pessoas negras ou brancas com maior nível de escolaridade no passado recente.

A reflexão aqui desenvolvida aponta para o resultado dessa racialização do mercado de trabalho que ressalta um importante fato: o aumento de negros na universidade pública e com a graduação concluída não coincide, nem de perto, com o número de negros em cargos de gerência em empresas, atuando em posições condizentes com sua qualificação no exercício de trabalho de natureza intelectual.

Analise-se o gráfico 14, com dados de 2018, ou seja, 6 anos após a implementação do sistema de cotas por meio da Lei nº 12.711/2012 e mais de 10 anos após as primeiras ações afirmativas nesse sentido no Brasil.

Gráfico 14: Participação de trabalhadores em cargos gerenciais por cor ou raça

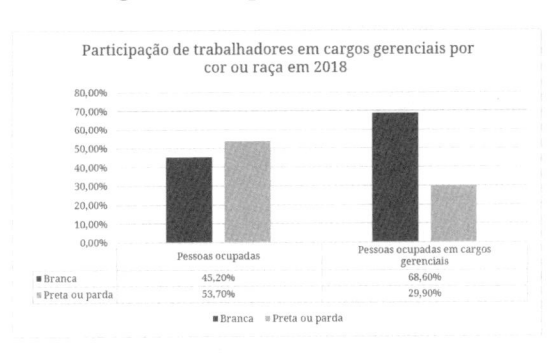

Participação de trabalhadores em cargos gerenciais por cor ou raça em 2018		
	Pessoas ocupadas	Pessoas ocupadas em cargos gerenciais
Branca	45,20%	68,60%
Preta ou parda	53,70%	29,90%

Fonte: IBGE, PNAD Contínua (2018)

Fazendo uma análise do gráfico apresentado, pode-se verificar que apenas 29,90% dos negros se encontravam em posição de gerência em qualquer tipo de atividade em 2018. Na mesma época, 68,60% dos brancos estavam posicionados nas empresas em função de comando.

Por todos os argumentos apresentados, pode-se dizer que o mercado de trabalho se abre para os negros, na maioria dos casos, com postos em funções subalternas e trabalhos com menor esforço intelectual. Não são frequentes os negros colocados em postos de comando em detrimento de brancos que tenham a mesma qualificação.

Bento (2012), tratando acerca da participação dos negros nas grandes organizações, destaca a existência de um racismo velado que impede ou dificulta de forma extrema a ascensão desses indivíduos. Dispõe que:

> As organizações são um campo fecundo para a reprodução das desigualdades raciais. E isto ocorre marcado pelo silêncio e neutralidade. As instituições apregoam que 'todos são iguais

perante a lei', e asseguram que todos tem a mesma oportunidade, basta que a competência esteja garantida. As desigualdades raciais persistentes evidenciam que alguns são menos iguais que outros. Mas sobre isso há um silêncio (BENTO, 2012, p. 166).

Todavia, a situação pode variar, dependendo da área de conhecimento epistemológico que esteja sendo analisada, razão pela qual este livro irá debruçar-se sobre a análise dos negros egressos de universidades públicas, com graduação no curso de direito.

Para entender a inserção dos negros nas universidades públicas e, consequentemente, no mercado de trabalho qualificado, deve-se fazer uma análise do gráfico 15 que explica a distribuição racial entre os cursos de nível superior.

Gráfico 15: Distribuição racial entre os cursos de nível superior por raça

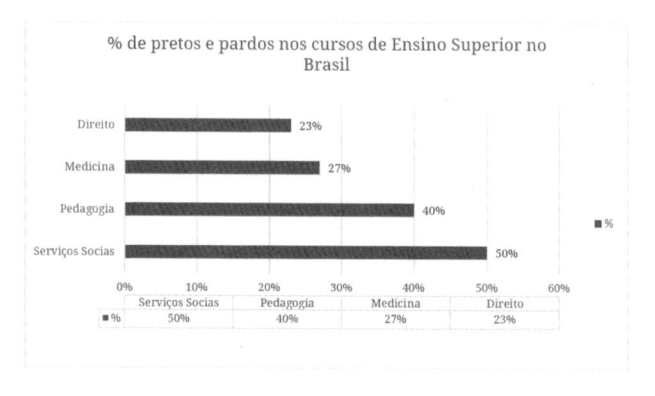

% de pretos e pardos nos cursos de Ensino Superior no Brasil

Curso	%
Direito	23%
Medicina	27%
Pedagogia	40%
Serviços Socias	50%

Fonte: Saldaña (2019)

O gráfico apresentado por Saldaña (2019) foi elaborado através de microdados retirados do IBGE PNAD (2018) e apresenta a inserção dos negros nas universidades públicas tomando por base quatro diferentes cursos de nível superior.

Nota-se que, nos dois primeiros cursos, a saber, direito e medicina, mesmo após a criação do sistema de cotas, os negros se mantém entre 23 e 27% do corpo discente, enquanto os cursos de pedagogia e serviço social possuem um alunado mais diversificado, com 40 a 50% de negros.

Os dados precisam ser analisados dentro de um contexto social no qual os dois primeiros cursos (medicina e direito) formam profissionais que são mais valorizados economicamente, enquanto os profissionais nas áreas de pedagogia e serviços sociais costumam receber remunerações mais baixas.

Portanto, mesmo com o aumento de participação dos negros nas universidades públicas, os chamados "cursos de elite" – neste livro, considerados aqueles que formam profissionais com maior valorização – continuam sendo frequentados, majoritariamente, pelo grupo étnico branco dominante.

Dentro desse contexto, faremos um recorte epistemológico para tratar do mercado de trabalho do negro egresso das universidades públicas no curso de direito, explicitando a dificuldade de inclusão dessa população nos postos de trabalho mais qualificados.

Com efeito, toma-se por base o entendimento de que, na área jurídica, a possibilidade de inserção do negro graduado se dá de forma menos frequente do que os brancos em condições similares.

Antes de analisar essa inserção na área jurídica, todavia, é indispensável entender como evoluiu a participação dos negros nas organizações em geral nas últimas décadas.

4.1. Gestão da diversidade

No final da década de 1980, países como Estados Unidos e Canadá passaram a implementar ações afirmativas, com o intuito de garantir a participação do grupo étnico negro no mercado de trabalho, com o objetivo de reduzir as tensões raciais existentes. Tais medidas decorriam de imposição estatal e criavam obrigações às empresas privadas.

Os Estados Unidos, por exemplo, nos governos de Kennedy e Johnson – entre 1961 e 1968 – criaram normas que proibiam as discriminações raciais em agências de governo, estimulando a contratação de negros para assunção de empregos. As referidas leis também incentivavam a contratação de minorias por empresas privadas, como destaca Aquino Alves (2004).

As ações afirmativas, impostas pelo poder público, não se confundem com políticas de recrutamento adotadas pelas próprias empresas, com intuito de garantir uma pluralidade cultural em sua estrutura de pessoal, conhecida como gestão da diversidade e que se desenvolve na busca de permitir o acesso de diferentes identidades em uma corporação.

De acordo com Thomas (1990), precisaria haver uma alteração de perspectiva no que tange à inclusão das minorias nas organizações norte-americanas porque, na concepção desse autor, a imposição da escolha não refletiria a meritocracia e, portanto, não geraria exemplos de representação para os jovens desses grupos subalternizados. Assim, a escolha se deveria dar por meio de uma gestão da própria empresa.

Paulatinamente, as empresas começaram a incluir critérios de seleção e recrutamento que buscavam garantir uma pluralidade étnica nos seus quadros, inserindo essa diversificação no contexto organizacional, inclusive como forma de melhorar sua produtividade.

A política não buscava somente garantir a inserção de negros, mas também de mulheres, com o intuito de reduzir desigualdade de gênero, de homossexuais e de outras minorias discriminadas pela sociedade.

A gestão da diversidade surge, então, em corporações nos Estados Unidos e Canadá, a partir da década de 1990, com o intuito de reduzir a discriminação e permitir a participação de indivíduos com diferentes identidades nessas empresas. Assim, se tenta diminuir as disparidades também de cunho racial existente nesses países e decorrem de ações afirmativas prévias. Rosa (2014) dispõe que:

> *A ação afirmativa se destaca por ser a que praticamente originou as iniciativas de gestão da diversidade. Nas organizações, a ação afirmativa também é conhecida como contratação pelos números em virtude do seu foco voltado para o aumento da representação dos grupos designados através da contratação de público-alvo e, em menor grau, da formação e da promoção. Trata-se de uma política destinada a combater diretamente o caráter sistêmico da discriminação que persiste nas políticas e nas práticas cotidianas nas organizações, o que reflete o legado histórico de discriminação que também está presente em outros segmentos da sociedade.*

Complementando a informação, Rosa (2014) ainda explicita que as políticas de ações afirmativas no Canadá que deram ensejo à gestão da diversidade partiram de iniciativas governamentais. Assim,

> *A política de igualdade no emprego foi uma resposta do governo canadense para combater a discriminação e a desvantagem no mercado de trabalho que eram vivenciadas por mulheres, povos indígenas, pessoas com deficiência e minorias raciais. As empresas foram obrigadas a cumprir o Federal Employment Equity Act e o Federal Contractors Program, promulgados em 1986 e revistos em 1995, que os obrigava a recolher e a divulgar dados sobre a representatividade dos seus trabalhadores e, a partir disso, desenvolver planos que incluíssem metas para a contratação e a promoção, bem como medidas para remover barreiras discriminatórias nas políticas e nas práticas de emprego e para acomodar a diversidade na força de trabalho (ROSA, 2014).*

De fato, é relevante salientar que a referida gestão não decorre de boa vontade do empresário norte-americano, preocupado com os grupos subalternizados, mas sim de uma inicial imposição do poder público. Fleury (2000) explica que:

> *Nos EUA, o Affirmative Action foi promulgado no final da década de 60 como resposta à discriminação racial observada nas empresas e instituições de ensino. Por regulamentação federal, as empresas que tinham contratos com o governo ou que dele recebiam recursos e benefícios deviam*

> avaliar a diversidade existente em seu corpo de funcionários e procurar balancear sua composição, em face da diversidade existente no mercado de trabalho.
>
> (...)
>
> No Canadá, o Employment Equity Act e o Federal Contractors Program, promulgados em 1986, foram delineados nos moldes do Affirmative Action norte-americano. De acordo com Agócs e Burr (1996), essas leis visavam a ampliar o espaço das minorias, não somente aumentando e melhorando a representação numérica, por meio do sistema de cotas nas empresas, mas também promovendo relações mais equitativas e justas de emprego.

As organizações, então, consoante explicitado, diante de ações afirmativas criadas pelo próprio Estado, implementaram a gestão da diversidade de uma forma mais ampla, buscando vislumbrar as vantagens decorrentes da participação de indivíduos de diferentes etnias e culturas em uma mesma empresa.

Assim, a boa gestão das empresas precisava ser implementada no sentido de obter vantagens com a existência dessa diversidade e transformá-la em um aliado na obtenção de lucros e crescimento empresarial.

Por exemplo, ao ter uma força de trabalho composta por indivíduos heterogêneos, essa empresa consegue compreender a demanda de diversos consumidores, ampliando seu leque de atuação.

Todavia, Carter (2020) destaca a importância de medidas posteriores ao recrutamento, para que a manutenção dos negros ocorra de forma sustentável em uma organização. Dispõe, sobre o tema, que:

> Recrutamento e contratação são geralmente os primeiros lugares em que as organizações começam quando pensam em equidade racial. Embora seja importante descobrir como colocar os funcionários da Black na porta da sua organização, é ainda mais importante se concentrar em como mantê-los lá e transformá-los em cargos de liderança. As organizações devem medir os resultados de todas as práticas de suas pessoas – do recrutamento e contratação às promoções, remuneração e desgaste – para avaliar onde existem disparidades raciais (CARTER, 2020).

A autora ainda destaca que:

> Mesmo em circunstâncias normais, a atribuição de trabalho é repleta de preconceitos raciais: espera-se que os funcionários de cor provem repetidamente suas capacidades, enquanto os funcionários brancos são mais propensos a serem avaliados pelo potencial esperado (CARTER, 2020).

Dentro dessa percepção, é importante diferenciar as ações afirmativas da gestão da diversidade, sendo que a primeira é imposta por órgãos de controle e tolerada pela empresa, enquanto, no gerenciamento das diversidades, a empresa utiliza essa ampliação de grupos étnicos a seu favor, buscando incrementar sua produção e atingir um mercado mais amplo. Perez-Nebra e Torres (2014, p. 488) explicitam:

> *Na ação afirmativa, as mudanças provocadas nas organizações são decorrências de pressões coercitivas externas, como as leis de cotas para grupos de minoria ou historicamente discriminados. Na diversidade, todas as diferentes identidades são contempladas, e sua gestão eficaz e efetiva faz a inclusão ser vista como vantagem competitiva para a organização. Precisamente por esse motivo é que há a necessidade de um diagnóstico acerca da demografia e da diversidade cultural da organização, ou seja, da própria estrutura organizacional.*

Com efeito, a existência de pluralidade étnica nos quadros da empresa influencia positivamente na produção dessa organização que estará apta a atingir um mercado consumidor mais amplo e, consequentemente, ter aumento de sua lucratividade. Assim, a inclusão de negros deixa de ser uma imposição e passa a ser um diferencial competitivo dessa empresa.

No mesmo sentido, o Instituto Ethos (2002) ressalta a importância desse gerenciamento das diversidades no que tange ao desempenho financeiro da empresa, fomentando e facilitando, até mesmo, os investimentos externos nessas organizações. Nesse sentido, dispõe que:

> *Diversos estudos de âmbito internacional já indicaram que programas de diversidade influem positivamente no bom desempenho financeiro das empresas: Um estudo de 1997 da Universidade de*

Houston, nos Estados Unidos, constatou que as empresas com programas de diversidade tiveram melhor performance do que aquelas que não os possuíam. A pesquisa "Dimensões da diversidade na economia canadense: construindo uma referência de negócios para avaliar a diversidade etnocultural", elaborada em 1995 pela Conference Board of Canadá concluiu que uma força de trabalho etnicamente diversa pode tornar uma companhia mais lucrativa. Um estudo de 1993 da consultoria norte-americana Covenant Investiment Management mostrou que as cem empresas com as melhores práticas de igualdade no emprego tiveram, em cinco anos, retornos anuais de 18,3%, enquanto as cem com as piores práticas tiveram, no mesmo período, retornos de somente 7,9%. Os programas de diversidade também têm sido um fator diferencial para muitas empresas na atração de novos investidores (INSTITUTO ETHOS, 2002).

Essa gestão da diversidade ainda é entendida como fator que garante rotatividade de mão de obra reduzida, melhora na produtividade da empresa, aumento da satisfação no trabalho, menor vulnerabilidade legal, além de valorização da imagem corporativa da empresa.

Horwitz e Horwitz (2007) concluíram, em sua pesquisa, que a diversidade em nível profundo exerce uma verdadeira influência positiva, no que tange aos aspectos qualitativos e quantitativos, nos resultados das equipes de trabalho. Isso deixa claro como a diversidade impacta de forma salutar na composição de equipes de trabalho dentro das empresas.

Cox (1994) apresenta algumas vantagens que podem ser extraídas dessa gestão da diversidade e como essa política empresarial pode ensejar benefícios, listando como aspectos positivos.
1. atrair para a empresa e manter em seus quadros os melhores talentos no mercado de trabalho;
2. desenvolver os esforços de marketing, focando nessa diversidade étnica, visando a atender segmentos de mercado diversificados;
3. promover a criatividade e a inovação, diante da pluralidade de indivíduos presentes na produção;
4. facilitar a resolução de problemas;
5. desenvolver a flexibilidade organizacional.

O Instituto Ethos (2010) aponta a importância da diversidade racial para o próprio crescimento da empresa que terá mais facilidade de inserir-se no mercado de consumo e garantir acesso a todos os tipos de consumidores. Tratando desse tema, aquele Instituto explicita que:

> As políticas de diversidade incrementam a competitividade, ao possibilitar que as empresas usufruam de todo o potencial resultante das diferenças positivas entre seus empregados. Também é crescente a tendência de valorização de marcas e bens produzidos por organizações que projetam uma imagem pluralista e de responsabilidade social (INSTITUTO ETHOS, 2010, p. 5).

Da mesma forma, Carvalho (2018, p. 6) ressalta a importância da diversidade étnica para o crescimento da própria empresa, dispondo que:

Em vista disso, organizações que promovem a diversidade, procuram refletir na sua força de trabalho a sociedade pelo qual está inserido, sendo assim, organizações menos monolíticas, mais pluralistas e multiculturais, estão mais propícias, no meio deste mundo globalizado, a aproveitar da riqueza de uma força de trabalho diversificada, justamente, espelhado na sociedade na qual está inserido.

A importância econômica da diversidade cultural entre empregados de uma organização também é destacada por Meyers (2003) que explica como esse tipo de política empresarial pode gerar impactos positivos na imagem da corporação perante os consumidores e a sociedade, trazendo-lhe maior lucratividade. O autor explicita que:

Pelo lado econômico, a promoção da diversidade apresenta-se como uma vantagem competitiva, como uma estratégia empresarial para garantir a permanência e competitividade da empresa no mercado. Além dos benefícios do ponto de vista ético, programas de diversidade trazem uma série de benefícios econômicos: desempenho financeiro fortalecido; rotatividade de mão de obra reduzida; maior produtividade; aumento de satisfação dos empregos nas atividades profissionais; menor vulnerabilidade das empresas face às leis trabalhistas; valorização da imagem empresarial junto aos consumidores e opinião pública em geral; reconhecimento adequado do desempenho e do potencial dos trabalhadores (MEYERS, 2003, p. 06).

Gilbert (1999) destaca que a gestão das diversidades deve atuar nos recursos humanos de forma holística, permitindo uma mudança estrutural e organizacional da empresa, com a participação de todos. Por sua vez, Cox (1991) explicita que as corporações podem ser divididas em três modelos diferentes:

> *1- Monolíticas: o compromisso da empresa se limita à existência de um plano de ação afirmativa. Assim, imagine-se que determinada empresa cria, por exemplo, um sistema de cotas e permite a inserção de 10% de negros em seus quadros. Posteriormente, não há qualquer ação para inclusão e crescimento empresarial desse indivíduo.*
>
> *2 - Plural: Nesse caso, os negros irão participar com benefícios dos processos de recrutamento e promoções, mas se espera que eles assimilem as regras da cultura dominante para sua inserção completa nas atividades de produção.*
>
> *3 - Multiculturais: essas são consideradas as organizações ideais, uma vez que as diversidades deverão ser utilizadas como vantagens competitivas, ensejando uma integração estrutural das minorias naquela organização.*

Apesar do crescimento da implementação de gestão da diversidade em diversas organizações em todo o mundo, Rosa (2014) explica a importância de enxergar a diferença do racismo existente nos Estados Unidos e no Brasil para entender como esse racismo impacta nas organizações.

Analisando no contexto brasileiro, a gestão da diversidade precisa ser considerada dentro da perspectiva histórica do racismo nesse país e as peculiaridades da formação de uma sociedade racializada. De fato, a pretensa democracia racial que permeou o imaginário nacional foi fundamental para a criação de um racismo estrutural velado, em que a cor da pele não é aparentemente motivo de exclusão, o que tornaria injustificado qualquer tipo de modelo de inserção, por meio de discriminação positiva.

Nesse contexto, muitas organizações alegam que a implementação de ações afirmativas ensejaria uma discriminação racial "onde não existe" e seria prejudicial aos próprios negros. Com isso, elas, então, superestimam a meritocracia no acesso às organizações, partindo do pressuposto – equivocado – de que os negros e brancos têm a mesma chance de ingresso nas grandes empresas em postos qualificados e, em razão disso, qualquer discriminação positiva iria de encontro ao conceito de isonomia.

Por seu turno, Aquino Alves (2004, p. 27) destaca:

> *O mito da democracia racial brasileira dificulta o reconhecimento da discriminação e, por consequência, a identificação dos negros a serem recrutados e selecionados. A gestão da diversidade precisa afirmar a própria existência da discriminação para se justificar, o que a coloca em tensão com a ideologia da democracia racial. Sem o reconhecimento da discriminação, não há sobre o que construir um discurso de igualdade de acesso ao trabalho. A ambiguidade do discurso gerencial sobre a negação do racismo traduz-se*

na seguinte racionalização: não há preconceito contra negros; o que existe é uma falta de negros qualificados para ocupações valorizadas. Não há um feliz casamento entre as duas formações ideológicas, uma vez que a gestão da diversidade não é uma ideologia no mesmo sentido da democracia racial. Os comportamentos tolerantes com a diferença precisam ser, portanto, ensinados na organização. Assim sendo, resta à empresa, para cumprir eficientemente o programa implementado por exigência da matriz, criar condições para a contratação de negros por meio da adoção de alguns eleitos oriundos do ensino público, qualificados por um curso superior.

No entanto, não se pode deixar de lado a percepção de que os negros com formação acadêmica, ao se arvorarem na busca por postos de trabalho, na maioria das vezes, não contam com a rede de relações interpessoais que lhes garanta uma indicação qualificada, além de levar consigo o estigma histórico de povo subalternizado e inferior que está no imaginário popular e representado na cor de sua pele.

O fato é que a criação de ações afirmativas empresariais ou a implementação de gerenciamento da diversidade por iniciativa das próprias companhias somente diminuiria o abismo social existente entre as raças e garantiria uma busca de isonomia material.

A legislação brasileira, por seu turno, é bastante genérica em relação ao tema, não havendo uma imposição às empresas no sentido de implementarem uma diversidade étnica em seus quadros, com a contratação de negros para postos de trabalho mais qualificados. Em outras palavras, a dificuldade da implementação da gestão da diversidade também decorre da ausência de ações afirmativas criadas no âmbito do Estado.

Vale ressaltar que a Lei nº 12.288/2010 institui o estatuto da igualdade racial e determina a criação de ações de inclusão. Assim, o art. 4º do referido diploma legal dispõe que:

> Art. 4º A participação da população negra, em condição de igualdade de oportunidade, na vida econômica, social, política e cultural do País será promovida, prioritariamente, por meio de:
> I - inclusão nas políticas públicas de desenvolvimento econômico e social;
> II - adoção de medidas, programas e políticas de ação afirmativa;
> III - modificação das estruturas institucionais do Estado para o adequado enfrentamento e a superação das desigualdades étnicas decorrentes do preconceito e da discriminação étnica;
> IV - promoção de ajustes normativos para aperfeiçoar o combate à discriminação étnica e às desigualdades étnicas em todas as suas manifestações individuais, institucionais e estruturais;
> V - eliminação dos obstáculos históricos, socioculturais e institucionais que impedem a representação da diversidade étnica nas esferas pública e privada;
> VI - estímulo, apoio e fortalecimento de iniciativas oriundas da sociedade civil direcionadas à promoção da igualdade de oportunidades e ao combate às desigualdades étnicas, inclusive mediante a implementação de incentivos e critérios

> *de condicionamento e prioridade no acesso aos recursos públicos;*
> *VII -* **implementação de programas de ação afirmativa destinados ao enfrentamento das desigualdades étnicas no tocante** *à educação, cultura, esporte e lazer, saúde, segurança,* **trabalho***, moradia, meios de comunicação de massa, financiamentos públicos, acesso à terra, à Justiça, e outros (grifo nosso) (BRASIL, 2010).*

Contudo, apesar da criação de diretrizes, não há a previsão legislativa de forma impositiva para a iniciativa privada, no que tange à adoção de sistemas diferenciados de recrutamento que garantam o acesso dos negros aos postos de trabalho.

Portanto, não há ações afirmativas impostas pelo ente estatal, determinando a inclusão racial pelo setor privado. Assim, a gestão da diversidade avança de forma muito lenta no bojo das empresas nacionais. Fleury (2000) explica que essa gestão caminha de forma tímida e que a maioria das grandes empresas que iniciaram sua implementação são subsidiárias de organizações norte-americanas.

Esse tipo de iniciativa, portanto, transita desde o recrutamento de pessoal até as políticas internas de organização das empresas. Nesse sentido, aquele autor aponta algumas medidas que vêm sendo tomadas por empresas brasileiras que adotam esse tipo de estruturação, a saber.

- **políticas de recrutamento e pessoal de seleção**: No que tange ao recrutamento de pessoal, as empresas estão investindo em projetos para diversificar sua força de trabalho, focando a questão do gênero e da raça. Dessa forma, a empresa dá prioridade à

contratação de mulheres e negros (as) como forma de diversificar seu corpo de trabalho.
- **políticas de treinamento:** Gerentes de programas das empresas são encaminhados a treinamento para conscientização das diferenças culturais e da importância dessa diversidade.
- **comunicação**: As companhias estão investindo em projetos de comunicação interna, com a finalidade de divulgar os objetivos do programa de diversidade a todos os empregados.

Pelo exposto, sem a existência de ações afirmativas impositivas estatais, a inserção dos negros nas grandes organizações depende do interesse empresarial na criação de uma gestão da diversidade, o que ocorre no Brasil de forma ainda pouco ampla. Em razão disso, a participação dos negros nos postos de trabalho qualificados em grandes companhias vem crescendo de forma muito lenta e as diferenças raciais nesse mercado de trabalho ainda são imensas.

Quando essa realidade é transportada para as grandes organizações na área jurídica, não se vislumbra uma realidade diferente. O indivíduo com formação jurídica que pertença ao grupo étnico negro tem grande dificuldade, em regra, para se inserir no mercado de trabalho em postos de elevada remuneração.

É fato que a gestão da diversidade faz parte do recrutamento de alguns grandes escritórios, mas as medidas ainda são insuficientes para garantir uma efetiva isonomia material entre negros e brancos nessa área do conhecimento.

4.2. A gestão da diversidade e as ações afirmativas no contexto brasileiro

Com o intuito de minimizar as desigualdades raciais, no que tange ao acesso a bons postos de trabalho, foi criada uma ação afirmativa de inserção em cargos públicos de negros, por meio de um sistema de cotas. Assim, a Lei nº 12.990/2014 dispõe, em seu artigo 1º, que:

> Art. 1º Ficam reservadas aos negros 20% (vinte por cento) das vagas oferecidas nos concursos públicos para provimento de cargos efetivos e empregos públicos no âmbito da administração pública federal, das autarquias, das fundações públicas, das empresas públicas e das sociedades de economia mista controladas pela União, na forma desta Lei (BRASIL, 2014).

Dessa forma, o diploma legal mencionado garante que 20% das vagas dos concursos públicos federais – os estados e municípios, em sua maioria, editaram leis similares – serão destinadas aos negros e pardos que assim se declararem.

A norma permite que os negros tenham a possibilidade de sucesso profissional em sua área do conhecimento e também garante a representatividade dessa população nos órgãos públicos e em carreiras de Estado. Assim, jovens negros podem se espelhar em indivíduos da sua raça exercendo funções de grande importância para a gestão pública, o que amplia a capacidade de prospecção e, consequentemente, pode vir a mudar o futuro dessas crianças.

Além da representatividade inerente a essa participação, essa conquista insere os negros em determinados cargos públicos de alta relevância jurídica e política, contribuindo para uma mudança no panorama racial da elite brasileira.

Todavia, trata-se de norma que permite o acesso da população negra a postos de trabalho condizentes com sua qualificação, somente no que tange aos cargos públicos. As dificuldades se mantêm na iniciativa privada, em que os postos mais qualificados são distribuídos de forma racializada.

Inclusive, Leal (2020) ressalta a importância da atuação das empresas privadas no combate ao racismo e na abertura do mercado de trabalho qualificado ao negro. Dispõe que:

> É preciso também que as organizações privadas que tanto se beneficiam dessa estrutura racista promovam ações de inclusão de pessoas negras, invistam e financiem o trabalho de pessoas negras. E que todos deem visibilidade a essas pessoas e às questões raciais (LEAL, 2020, p. 129).

Tratando do tema, Jaime, Barreto e Oliveira (2018) explicam a importância do estudo acerca do espaço dos negros nas organizações públicas e privadas, sendo indispensável travar-se a discussão acerca da aparência como elemento fundamental no recrutamento para postos de trabalho de alta qualificação e remuneração.

Para entender a importância do tema, deve-se fazer uma breve análise da história recente de inclusão de negros em postos de trabalho qualificados no Brasil. Coelho Júnior (2016) explica que a primeira geração de executivos negros, no Brasil, surge na década de 70, composta de pretos e pardos que ingressam nesse mundo em condição desfavorável, haja vista não haver qualquer mecanismo de proteção estatal no que tange ao preconceito racial.

A época era marcada pelo início da organização do combate ao racismo pelo Movimento Negro Unificado (MNU) que não se direcionava especificamente ao mundo corporativo. Por óbvio, esses indivíduos conseguiram, com mais dificuldades do que os brancos em posições similares, galgar espaços no mundo empresarial.

Coelho Júnior (2016) ressalta que essa primeira geração de executivos negros é marcada por trajetórias individuais. Ou seja, determinados indivíduos, apesar de todos os preconceitos raciais existentes, com dedicação diferenciada e qualidade técnica, conseguiram espaço qualificado no mundo corporativo, em dissonância com a maioria dos executivos na época.

A segunda geração de negros que ingressam no mundo corporativo surge na primeira década do século XXI em um contexto diferenciado no que tange a práticas antirracistas e a existência de estruturas governamentais e não governamentais de combate à discriminação.

A reestruturação do movimento negro e a criação de ONGs que passam a exigir a implementação de ações afirmativas para garantia da isonomia material marcam um novo ciclo de discussão acerca do racismo, permitindo a criação do sistema de cotas para ingresso no ensino superior, entre outras ações positivas de inclusão racial.

Nesse contexto, o referido autor ressalta que as pressões do MNU e das ONGs não se limitaram ao Estado, mas também passou a exigir-se uma postura antirracista das organizações privadas, impondo que essas grandes empresas assumissem parte do dever de buscar diminuir a estrutura de trabalho racializada que regia tais companhias.

Para analisar-se como a inserção empresarial dos negros ainda é bastante limitada no contexto nacional, pode-se verificar que, em 2017, uma reportagem da UOL tinha como foco a disparidade entre negros e brancos nas organizações nacionais e informou que:

> *Pesquisa do Banco Interamericano de Desenvolvimento (BID) e do Instituto Ethos lançada em 2016 aponta que somente 4,7% dos cargos executivos são ocupados por profissionais negros, contra 94,2% de brancos (COLONA, 2017).*

Nesse contexto, volta-se a afirmar, deve ser analisada, entre outros aspectos, a falta de capital social que permeia a realidade do contingente negro nacional. Com efeito, os indivíduos pertencentes a esse grupo étnico carecem, em sua maioria, de uma rede de relações que lhes permita o acesso a grandes organizações em posições bem remuneradas.

A despeito da inexistência de ações afirmativas impositivas, o Estado tem implementado ações de fomento à diversidade racial nas empresas, como forma de incentivar a busca pela gestão da diversidade nessas organizações.

A Prefeitura do Município de Salvador, por exemplo, possui a Secretaria da Reparação (SEMUR) que implementa uma política de inserção racial, concedendo, por exemplo, um "Selo de Diversidade Étnico Racial" a empresas que atuam com o gerenciamento da diversidade étnica (SALVADOR, 2020a).

O *site* oficial do órgão explica o referido selo:

> *O Selo da Diversidade Étnico-Racial representa uma política pública de sensibilização das instituições que, para além da responsabilidade social, terá a Diversidade Étnico-Racial como aliada na geração de aprendizado e criatividade, fortalecida em uma equipe plural, gerando maior competitividade.*
>
> *Ao obter esse Selo, essas instituições assumem o compromisso de fazer um censo étnico-racial e desenvolver ações de combate ao racismo no ambiente de trabalho, apresentando propostas que serão analisadas por um Comitê Gestor, composto de organizações representativas do segmento governamental e da sociedade civil organizada. Ao final do período a prefeitura avaliará se as empresas devem ou não continuar com a certificação (SALVADOR, 2020b).*

Nota-se que o intuito é de sensibilizar as organizações e fomentar a busca pela política de gestão da diversidade nas empresas soteropolitanas, tendo o selo o caráter de qualificação dessa empresa que será vista pelos seus consumidores e pela sociedade como uma empresa moderna e inclusiva.

De fato, a valorização da imagem corporativa da empresa é uma das vantagens da utilização da gestão das diversidades nas corporações que pode ser fomentada por meio dessa política estatal.

Em 2005, o Ministério Público do Trabalho (MPT) lançou o Programa de Promoção da Igualdade de Oportunidades e Eliminação da Discriminação no Trabalho (COORDIGUALDADE). Essa estrutura organizacional vinculada ao MPT foi criada com o intuito de implementar políticas de inserção dos negros no mercado de trabalho privado.

A título de exemplo, em 2018, a COORDIGUALDADE publicou a Nota Técnica 01/2008 dispondo acerca da possibilidade de ações afirmativas, buscando uma discriminação positiva na oferta de empregos. Com efeito, a nota especificou:

> *A possibilidade de contratação específica de trabalhadores oriundos da população negra bem como possibilidade de anúncios específicos e bancos de dados e/ou plataformas virtuais de forma a concretizar o Princípio da Igualdade insculpido na Constituição Federal de 1988 (MINISTÉRIO PÚBLICO DO TRABALHO, 2018).*

Na referida nota, o órgão explicita a importância das ações afirmativas nas relações de trabalho, buscando assimilar nas organizações indivíduos que se encontram em desvantagem em razão de preconceito racial, deixando claro como a cor da pele impacta na busca por trabalhos qualificados e como as medidas de inclusão são necessárias para reduzir essa diferença.

Em 29/06/2020, o Ministério Público do Trabalho, por meio da COORDIGUALDADE, expediu recomendação para que empresas de televisão e agências de modelos incluam negros nos seus quadros, buscando garantir diversidade cultural nas produções dessas organizações.

Nesse sentido, a página oficial do órgão informa que:

> *Entre as medidas recomendadas pelo MPT, estão a elaboração de campanhas internas para promover a igualdade racial como forma de*

> *fortalecer a cultura organizacional da diversidade; a realização de debates abordando questões como o racismo estrutural; e a garantia do acesso da população negra aos quadros profissionais da empresa por meio da revisão dos seus processos de seleção.*
>
> *De acordo com o MPT, as empresas devem ainda se abster de reproduzir situações de representações negativas ou estereótipos da pessoa negra que sustentam as ações de negação simbólica e as diversas formas de violência, bem como reconhecer e valorizar a história e a cultura negra em suas formas de existência e resistência (MINISTERIO PÚBLICO DO TRABALHO, 2020).*

Claramente, a medida se faz necessária em razão da falta de diversidade étnica nessas organizações como reflexo da exclusão racial e se trata de medida que busca impor a criação de projetos de gestão da diversidade nessas empresas.

Seguindo o mesmo caminho, a Federação Brasileira de Bancos (FEBRABAN), a partir de 2006, atuou em diversas instituições financeiras, com o intuito de criar programas de inclusão de *trainees* negros, o que buscava diminuir a desigualdade racial nessas organizações.

Em 2018, em conjunto com a Faculdade Zumbi dos Palmares, foi criado o projeto "Diversidade Racial: capacitação de jovens talentos para o mercado de trabalho", com o objetivo de "melhorar a formação e ampliar as chances dessas pessoas de aproveitar oportunidades no mercado de trabalho, especialmente no setor financeiro".

De acordo com a informação oficial do órgão, a primeira turma formou 155 alunos negros para atuar no mercado financeiro, sendo que 81 já finalizaram o curso com empregos no segmento.

As organizações passaram, portanto, a conceder uma linguagem de negócios a essas pressões do MNU, criando uma ação de cunho coletivo de busca pela diversidade. O tema ganha importância e os programas de diversidade de raça e gênero passam a fazer parte do mundo empresarial.

A Presidência da República criou, por meio do Decreto 3903/1996, no âmbito do Ministério do Trabalho, o Grupo de Trabalho para a Eliminação da Discriminação no Emprego e na Ocupação (GTEDEO) para tomar medidas que visem a impedir a discriminação no trabalho. Em sentido contrário às mudanças implementadas nos últimos anos, esse grupo foi extinto por meio do Decreto 10.087/2019.

O Instituto Ethos (2016, p. 58) apurou que 64% dos gestores de empresas entendem que a presença de negros nos quadros executivos de suas empresas estão abaixo do que deveria. Na mesma pesquisa, se verificou que 48,3% desses gestores entendem que isso decorre do fato de que faltam negros com qualificação para assumir tais postos de trabalho.

Assim, não obstante o reconhecimento de que deveria haver uma maior diversidade étnica no quadro executivo das empresas, uma parte muito grande dos gestores ainda aponta o próprio negro como culpado por essa exclusão, refletindo a realidade do racismo estrutural velado que norteia todas as relações (inclusive as relações de trabalho) no Brasil. Por isso, a importância da conscientização das empresas para buscar a gestão da diversidade, fazendo com que essas organizações considerem a relevância de um recrutamento baseado na inclusão de todos os grupos de profissionais.

Nesse sentido, Coelho Junior (2016) explica que a segunda geração dos executivos negros não é resultado de trajetórias individuais, mas sim de uma ação coletiva, encontrando um caminho mais favorável do que a geração anterior.

Por óbvio, essa gestão de diversidade não apaga a existência do preconceito racial nas relações empresariais, tornando ainda necessária aos negros a criação de estratégias individuais de inserção.

4.3. Análise do acesso ao mercado de trabalho dos negros com formação em direito no Brasil

Por todo o exposto, este capítulo tem como finalidade verificar se o sistema de cotas – ação afirmativa na área de educação muito importante para a diminuir as desigualdades existentes entre os grupos étnicos no Brasil – tem reflexo no mercado de trabalho, permitindo que a população negra acesse a postos de trabalho condizentes com sua qualificação, mais especificamente no que tange aos alunos egressos da faculdade de direito.

De fato, na distribuição de postos de trabalho bem remunerados na área jurídica, a cor do interessado em suprir esse posto é critério relevante, dificultando o acesso de pretos e pardos. A gestão da diversidade já se apresenta em determinados escritórios jurídicos de grande relevo, mas trata-se de medida pontual que ainda não modifica o cenário de disparidade racial presente nos escritórios ao longo do Brasil.

Assim, por exemplo, poucos são os negros que atuam como sócios de grandes escritórios, que se apresentam como doutrinadores com livros publicados na área jurídica em editoras consagradas ou que se posicionam em função de direção em quadro jurídico de grandes empresas. Em outras palavras, uma parte muito pouco expressiva do contingente negro graduado em direito exerce atividades na área jurídica com alto nível de remuneração.

O Censo Jurídico de 2018, realizado pelo Centro de Estudos das Relações de Trabalho e Desigualdades (CEERT, 2019), chegou à conclusão de que os negros representam menos de 1% do corpo jurídico de grandes escritórios no Brasil.

A referida reportagem, inclusive, explica que a pesquisa foi feita em parceria com a FGV Direito SP e a Aliança Jurídica pela Equidade Racial[18], e chegou à conclusão que:

> *36% dos negros sabem de vagas de trabalho pela internet, enquanto uma das principais formas dos brancos para se informar de oportunidades de trabalho é por meio de amigos ou parentes (CEERT, 2019).*

Com efeito, a maioria dos negros chegam aos escritórios sem qualquer indicação que apoie ou até garanta sua contratação ou, até mesmo, sua ascensão dentro da estrutura organizacional.

Trata-se de uma demonstração empírica da importância do capital social na busca por vagas qualificadas de trabalho que ofereçam as melhores remunerações. Como, em regra, falta aos negros egressos das universidades públicas um acesso amplo a relações sociais com grandes juristas e sócios

---

[18] A referida aliança tem o objetivo de aumentar a diversidade racial no mercado da advocacia e é formada pelos escritórios Trench Rossi, TozziniFreire, Mattos Filho, BMA, Demarest, Lefosse, Pinheiro Neto, Veirano e Machado Meyer.

de escritórios, a dificuldade de ser escolhido para ocupar a vaga tende a aumentar.

Tratando do tema, o professor Thiago Amparo, pesquisador da FGV São Paulo, em entrevista dada ao *site* Jota Info, relata que:

> *Percebemos que os brancos têm maior contato com profissionais dentro do escritório e uma maior possibilidade de networking. Ações como oferecer cursos de inglês, capacitação em diversas áreas e mentoria são formas de furar essa bolha de networking* (LEORATTI, 2019).

O referido professor também ressalta que a participação dos negros em grandes escritórios no escalão mais elevado ainda é muito pequena, o que reduz a remuneração média desses indivíduos.

Além disso, a reportagem apresenta dados do Censo Jurídico 2018, realizado pelo CEERT (2019), que demonstram que, apenas na função de estagiário, a quantidade de negros se apresenta de forma relevante em grandes escritórios.

Gráfico 16: Proporção dos trabalhadores selecionados, segundo cargo atual, por cor/raça

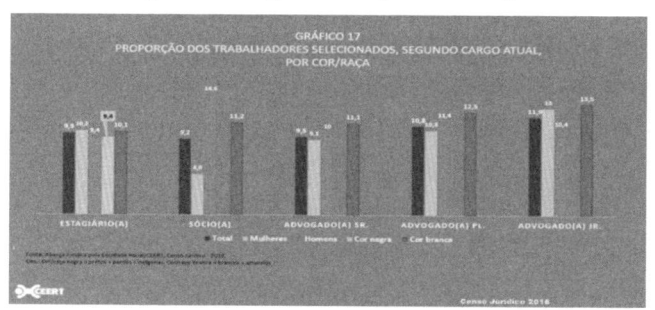

Fonte: JOTA INFO (2020)

Inicialmente, para fins de se analisar devidamente o gráfico, cumpre explicar que os cargos apontados anteriormente costumam ser dispostos dentro dos escritórios como regra de promoção. Assim, normalmente, os profissionais ingressam na qualidade de advogado júnior e, por "merecimento", podem galgar postos mais altos no escritório, nessa ordem, advogado *senior*, pleno e, até mesmo, podem atingir a qualidade de sócio.

Os dados revelam que o acesso dos negros aos postos mais bem remunerados – em atividades como advogado *senior*, advogado pleno e sócio – ainda é irrelevante, não refletindo a ampliação do contingente de negros com formação jurídica e boa qualificação, desde a criação do sistema de cotas para acesso às universidades públicas.

Com efeito, a racialização do mercado de trabalho na área jurídica é decorrência do racismo estrutural que limita as relações sociais e de trabalho desses indivíduos, mesmo após sua qualificação, como será visto nas páginas posteriores deste livro.

Para obter mais informações, foi efetivada uma pesquisa e uma análise dos escritórios de advocacia em várias regiões do país, com o intuito de levantar dados acerca da representatividade de negros nos postos mais qualificados dessas instituições.

O levantamento se deu pela *internet*, por meio dos *sites* oficiais dessas organizações. Ao longo da pesquisa, foram selecionados 80 escritórios de grande volume de processos em todo o país e, dos 1576 advogados plenos (ou sócios), somente 16 eram negros. Nesse caso, foram considerados, para fins de pesquisa, escritórios de grande respaldo em cada localidade e que não tivessem uma estrutura familiar, ou seja, corporações nas quais há contratação de advogados externos e plano de cargos para crescimento no bojo da empresa. O gráfico 17 explicita a desproporção existente.

Gráfico 17: Quantitativo de advogados sócios em oitenta escritórios distribuídos nos Estados brasileiros

Fonte: Levantamento do autor (2020)

É importante verificar que, no gráfico 17, a linha azul que representa a quantidade de negros em posição qualificada nesses escritórios é quase invisível, já que não atinge sequer o patamar de 20 indivíduos, enquanto a linha laranja – que representa os advogados brancos em posições privilegiadas nessas organizações – quase coincide com a linha cinza que representa o total de advogados sócios e *senior*.

Nesse contexto, por se tratarem de dados públicos, será incluído o Quadro 1, abrangendo os nomes dos escritórios e o quantitativo de advogados negros, que ensejou a pesquisa.

Quadro 1: Escritórios de advocacia *x* advogados negros

Escritório Advogados	Qntd.	Local	Advogados Negros
Advocacia José Del Chiaro	12	São Paulo	
Advogados Moraes Pitombo	7	São Paulo, Brasília e Rio de Janeiro	

Escritório Advogados	Qntd.	Local	Advogados Negros
Alexandre Wunderlich	10	Porto Alegre / São Paulo	
Andrade Maia Advogados	43	Salvador	
Arruda Alvim & Thereza Alvim Advocacia e Consultoria Jurídica	10	Rio de Janeiro	
Ávila de Bessa Advocacia S/S	18	Brasília	
Azevedo Sette Advogados	36	Brasília /Goiânia / Belo Horizonte / Rio de Janeiro / São Paulo	
Badaró Almeida	6	Salvador	
Behrmann Rátis	6	Salvador	1
Beno Brandão Advogados Associados	5	Curitiba	1
BMA- BARBOSA MÜSSINCH ARAGÃO	45	São Paulo	
Bocater, Camargo, Costa E Silva, Rodrigues Advogados	17	Rio de Janeiro	
Bottini & Tamasauskas	10	São Paulo e Brasília	1
BVA - Barreto Veiga & Advogados	6	São Paulo	
Carvalho, Machado e Timm Advogados	12	Porto Alegre / São Paulo/ Rio de Janeiro / Curitiba/ Campinas/ Florianópolis	
Castellar Guimarães Advogados associados	5	Belo Horizonte	
Cescon e Barrieu	44	São Paulo / Salvador	

Escritório Advogados	Qntd.	Local	Advogados Negros
CGM Advogados	54	São Paulo	1
Correia, Fleury, Gama e Silva Advogados	10	São Paulo	
DD&L Associados	47	Manaus	2
Derraik & Menezes Advogados	22	São Paulo / Rio de Janeiro	
Di Cavalcanti Advogados	6	Recife	
Dias de Souza	14	São Paulo	
Dinamarco, Rossi, Beraldo & Bedaque Advocacia	49	São Paulo	
Eizirik Advogados	13	São Paulo / Rio de Janeiro	
Emerenciano, Baggio & Associados	7	São Paulo, Campinas e Brasília	
Feldensmadruga	20	Brasília, Porto Alegre, São Paulo e Rio de Janeiro	
Felsberg Advogados	24	São Paulo	
Ferrareze & Freitas Advogados	4	Caxias do Sul	
Fiedra Britto & Ferreira Neto	11	Salvador	
Fragata Antunes	10	Salvador, Minas Gerais, Paraná, Rio de Janeiro, Rio Grande do Sul, São Paulo e Lisboa	
Gaia Silva Gaede Advogados	150	Brasília / Belo Horizonte/ São Paulo /Rio de Janeiro/ Curitiba	1
Giamundo Neto Advogados	35	São Paulo	2
Grinberg Cordovil Advogados	12	São Paulo	

Escritório Advogados	Qntd.	Local	Advogados Negros
Habib Advocacia e Assessoria Jurídica	6	Salvador	1
Hermes V. Guerrero Advogados	4	Belo Horizonte	
Kizem Advogados	3	Manaus	
L.O. Baptista Advogados	21	São Paulo	
Lacaz Martins, Pereira Neto, Gurevich & Schoueri Advogados	17	São Paulo	
Levi & Salomão Advogados	14	São Paulo, Rio de Janeiro e Brasília	
Lobo de Rizzo Advogados	27	São Paulo	
MACHADO ASSOCIADOS	55	São Paulo / Salvador /Brasília /Rio de Janeiro	
Madrona Advogados	16	São Paulo	
Maeda, Ayres & Sarubbi Advogados	4	São Paulo	
Manesco, Ramires, Perez, Azevedo Marques Sociedade de Advogados	44	São Paulo	1
Mannheimer, Perez e Lyra Advogados	8	Rio de Janeiro	
Marcelo Leal Advogados Associados	6	Brasília	1
Marcelo Leonardo Advogados Associados	14	Belo Horizonte, São Paulo, Brasília	
Maria Luiza Póvoa Cruz	11	Goiânia	

Escritório Advogados	Qntd.	Local	Advogados Negros
Mariz de Oliveira e Siqueira Campos Advogados	33	São Paulo	
Martinelli Advogados	15	São Paulo, Rio de Janeiro, Porto Alegre, Maringá, Perini Business Park (Joinville), Florianópolis, Curitiba, Cascavel, Criciúma, Chapecó, Caxias do Sul, Passo Fundo, Campinas, Brasília, Belo Horizonte, Joinville	
Meireles & Freitas	11	Fortaleza/Natal/ São Paulo	
Melo Advogados Associados	11	União da Vitória e Região Sul/ Curitiba e região metropolitana	
Mendes & Advogados	2	Fortaleza	
Menezes advogados	6	São Paulo	2
MMC & ZARIF Advogados	4	Salvador	
Monteiro, Rusu, Cameirão, Bercht e Grottoli Advogados	6	São Paulo	
Opice Blum, Bruno, Abrusio e Vainzof Advogados Associados	7	São Paulo	
Pessoa & Pessoa	11	Salvador, Aracaju, Ilhéus, São Paulo, Rio de Janeiro e Recife	
PINHEIROS GUIMARÃES	24	São Paulo	

Escritório Advogados	Qntd.	Local	Advogados Negros
PVG - Perlman, Vidigal, Godoy Advogados	9	São Paulo	
Sacha Calmon e Misabel Derzi consultores e advogados	23	São Paulo / Brasília / Belo Horizonte	
Saud Advogados	6	Rio de Janeiro	
Siqueira Castro Advogados	50	Salvador	
Souto, Correa, Cesa, Lummertz & Amaral Advogados	13	Rio de Janeiro	
Tauil & Chequer Advogados	38	São Paulo	
Thomaz Bastos Waisberg Kurzweil Advogados	6	São Paulo	
Tibúrcio Advogados	11	Goiânia/Brasília	
Toledo & Toledo	10	Salvador	
TozziniFreire Advogados	81	Brasília / Rio de Janeiro / São Paulo / Porto Alegre	1
Trench Rossi Watanabe Advogados	50	São Paulo	
Ulhôa Canto Advogados	27	São Paulo / Rio de Janeiro	
Ventura Torres Advogados	5	Recife/ São Paulo/ Lisboa	
Vieira Rezende Advogados	22	Rio de Janeiro	1
Vilardi Advogados	16	São Paulo	

Escritório Advogados	Qntd.	Local	Advogados Negros
Yazbek Advogados	2	São Paulo /Curitiba	
SERUR	11	Recife/ João Pessoa/ São Paulo	
Martorelli Advogados	26	Recife/ Salvador/ Maceió/João Pessoa/ São Paulo	
Veiga Pessoa Advogados Associados	5	João Pessoa	
Miná Advocacia	5	João Pessoa	
Total	1576		16

Fonte: Levantamento do autor (2020)

É importante verificar que a pesquisa tomou por base os maiores escritórios do Brasil, localizados em todas as regiões, cujos dados dos sócios se encontravam disponibilizados pela rede internacional de computadores de forma aberta, sem qualquer sigilo.

Foram, então, verificados os dados apresentados pelo escritório em relação ao seu corpo de advogados e a presença de negros em postos de destaque foi muito pequena, independentemente da cidade onde o escritório esteja localizado.

Assim, apenas cerca de 0,01% dos advogados *senior* e sócios dos grandes escritórios são negros e a situação é similar em todas as regiões do país, não havendo variação relevante de estado da federação para outro.

É relevante pontuar que a desigualdade decorre de um racismo estrutural que estigmatiza o grupo negro e o retira do convívio social mais elevado, que lhe permita ser lembrado e até indicado para ocupação de postos de alto prestígio. Essa concepção estrutural do racismo acaba, inconscientemente, influenciando os grandes empresários que não conseguem enxergar no advogado negro alguém capaz de executar as mesmas atividades e com a mesma qualidade – ou até maior, caso a caso – dos advogados brancos.

Com efeito, a formação desses escritórios e a seleção de advogados se dá, em sua maioria, por meio de indicação de colegas e amigos, e falta aos negros, em sua maioria, capital social que lhes garanta uma boa referência.

Além disso, foram entrevistados sócios de 15 grandes escritórios nas cidades de Salvador, João Pessoa, Rio de Janeiro, São Paulo, Belém, Goiânia, Palmas, Brasília e Recife acerca da participação de negros nos quadros dessas organizações e o espaço de crescimento profissional desses indivíduos dentro da estrutura da corporação.

Cabe ressaltar que os 15 escritórios têm características similares, ou seja, não possuem estrutura familiar (em que os sócios são sempre membros de uma única família) e todos eles possuem um plano de cargos com advogados júnior e pleno (ou *senior*), além dos sócios originários.

Inicialmente, foi questionado como, em regra, é feito o primeiro contato do advogado com o escritório e se os advogados costumam ser indicados ou se há algum processo seletivo público.

Dos 15 escritórios entrevistados, 8 informaram que realizam processo seletivo, mas 5 deles reconheceram que muitos advogados ingressam por meio de indicação de outros sócios ou advogados conhecidos e que somente se realiza a seleção quando esse método não é suficiente para preencher todas as vagas.

A título de exemplo, o sócio de um grande escritório na capital do país afirmou que: "Preferimos indicação.

Quando não temos indicação, abrimos processo seletivo". Outros 7 escritórios informaram que o ingresso se dá por meio de indicação de advogados conhecidos ou da própria equipe interna.

Um outro entrevistado, em Salvador, afirmou que "em regra, trabalhamos com indicações de profissionais da equipe interna e com o aproveitamento de estagiários formados no escritório". Ainda explicita que "as seleções públicas deixaram de ser realizadas em virtude do volume de candidatos que estavam encaminhando currículos após a divulgação do endereço eletrônico em redes sociais, o que fazia com que a análise de todos os candidatos fosse trabalhosa e inconveniente, além do fato de continuarmos recebendo mensagens muito após o preenchimento da vaga".

Da mesma forma, o sócio de um grande escritório, no Rio de Janeiro, informou que: "A escolha por um novo sócio é feita por meio de indicação. Nossos contatos são por telefone, Skype ou presencialmente, quando o advogado conversa com a representante do escritório da área de recursos humanos, expondo sua trajetória profissional e suas expectativas com relação ao futuro de sua carreira".

Assim, verifica-se a importância do capital social para ingresso em grandes escritórios de advocacia na qualidade de advogado, sendo a indicação um dos fatores relevantes nessa abertura de oportunidade. Como analisado anteriormente, um negro, principalmente, aquele que é egresso do sistema de cotas das universidades públicas, em regra, tem uma rede de contatos muito reduzida na respectiva área do conhecimento, o que torna bem mais difícil o primeiro contato para ingresso nessas corporações.

Ainda foi questionado se, no escritório, haveria alguma política de inserção de negros ou qualquer critério de recrutamento que busque facilitar a diversidade étnico-cultural dos advogados. A resposta a essa pergunta foi unânime no sentido de que não há qualquer tipo de política afirmativa de inserção racial.

Os sócios entrevistados fizeram questão de ressaltar o mérito como único critério de escolha de advogados, seja nos casos de processo seletivo ou mesmo nas indicações feitas. O sócio de um grande escritório de Recife informou, em relação à existência de política de inclusão, que, apesar de não haver, a escolha não se daria com qualquer discriminação, assinalando que "*não, mas não temos qualquer política de discriminação, em nenhuma fase do processo de seleção*".

Outro escritório, um dos maiores na cidade de Curitiba, foi peremptório ao responder que "*não, o critério é puramente meritório*". Seguindo essa mesma linha de entendimento, um escritório de grande porte em Palmas e Goiânia afirmou que "*não há qualquer forma de escolha que não seja o preenchimento dos requisitos que entendemos importantes – perfil para a advocacia e perfil do escritório. A cor ou qualquer outro aspecto não é critério de inclusão ou exclusão*".

Por sua vez, quando questionados se entendem que a diversidade étnica pode trazer benefícios ao escritório, também todos eles responderam que sim, mas deixaram claro que a ausência de negros decorre do fato de que não foram aprovados nos critérios objetivos de escolha e crescimento no âmbito do escritório. O sócio de um escritório de grande porte em Salvador ressaltou que, apesar de entender a importância da diversidade étnica dentro da estrutura do escritório, "o critério de seleção é estritamente técnico".

As respostas trazem uma carga valorativa ligada ao nosso histórico de racismo, no qual a culpa pela exclusão do negro é imputada a ele mesmo, à sua falta de capacidade ou condição técnica de ascender socialmente.

Verifica-se que, sem perceber, os escritórios não conseguem vislumbrar como a ausência de políticas de inserção contribui para a racialização dessas grandes organizações, haja vista não haver uma competição justa nesse contexto.

De fato, as entrevistas mostram como a pretensa alegação de democracia racial ainda resiste no inconsciente de grande parte da população brasileira que enxerga somente o racismo em sua concepção individual. Assim, não consegue vislumbrar a existência de uma discriminação de cunho racial, já que todos teriam a mesma oportunidade, dada a existência de um único critério de ingresso e crescimento nos quadros do escritório, qual seja, o mérito.

A Folha de São Paulo, em reportagem realizada em 19/07/2020, apresenta a conclusão do sociólogo Luiz Augusto Campos – professor do IESP/UERJ – no sentido de que a alegação de democracia racial ainda está impregnada no discurso da sociedade brasileira. Afirma o sociólogo que:

> *O avanço da pesquisa sobre o racismo é dificultado pelo fato de que a sociedade brasileira, ao contrário da norte-americana, ainda nega a discriminação (FRAGA, 2020).*

Dessa forma, não se consegue perceber que as possibilidades, nesse caso, não estão postas a todos de forma igualitária, dada a desigualdade decorrente do racismo estrutural existente na sociedade brasileira que retira dos negros o capital social e outros requisitos necessários à sua ascensão aos postos mais qualificados da pirâmide ocupacional.

Não é por acaso que a ausência de negros se torna tão clara nesses escritórios e não é porque a cor da pele influencia na existência de mérito, mas sim porque a sociedade nacional se mantém racializada e impede que os indivíduos negros tenham as mesmas oportunidades de ingresso nos escritórios de grande porte.

Demonstrando essa situação, vale analisar a última pergunta do questionário respondida pelos sócios desses grandes escritórios, quando questionados sobre quantos negros ocupam cargos de alto escalão no âmbito do escritório (advogado *senior* ou pleno). Somando os escritórios entrevistados, mais de 100 cargos de advogados plenos foram preenchidos e somente três escritórios responderam positivamente, relatando a presença de um advogado *senior* de cor negra.

Um deles chegou a ressaltar a meritocracia, mais uma vez, como razão de sua ascensão, ao dispor que "temos um advogado *senior*. O profissional entrou no escritório como advogado júnior, sendo que foi demonstrando competências de liderança, ganhando experiência interna até coordenar a sua própria equipe, administrando um cliente importante do escritório".

Verifica-se, portanto, que, aos olhos desses entrevistados e de grande parte da sociedade brasileira, a ausência dos negros nos grandes escritórios de advocacia se dá por culpa exclusiva desses indivíduos.

De fato, se o mérito é o único critério utilizado para fins de ingresso, mesmo aqueles indicados precisam preencher requisitos técnicos para que se mantenham no escritório e alcancem cargos melhores. Então, claramente, faltaria ao contingente negro esse requisito para que lhe fosse concedida a oportunidade de crescimento profissional.

Por óbvio, vale ressaltar que, conforme exposto nos capítulos anteriores, a estrutura social brasileira se constituiu excluindo os negros das camadas mais elevadas da estrutura social. Com isso, falta à maioria deles a rede de relações e outros requisitos que lhe garantam uma indicação para um grande escritório. Além disso, as seleções são feitas pelos sócios brancos das organizações, ensejando um sentimento de inferioridade e falta de representatividade aos indivíduos pretos e pardos.

Cabe lembrar, mais uma vez, que os negros, em sua maioria, não têm o mesmo capital cultural dos indivíduos brancos, com acesso a escolas de qualidade e cursos de línguas estrangeiras, o que lhes garante uma maior qualificação inicial para competir no mercado de trabalho. Isso precisa ser suprido por esses escritórios.

A realidade é que o silêncio das organizações – entenda-se por silêncio, a ausência de discriminações positivas e políticas de inserção de negros – é suficiente para racializar os escritórios, dado o racismo estrutural vigente na sociedade, capaz de dificultar o acesso do negro a esse mercado laboral. Em verdade, trata-se de uma falta de sensibilidade decorrente do próprio entendimento da sociedade brasileira de que não há racismo no contexto nacional.

Nesse contexto, é importante destacar que Hecht (2020), compartilhando sua experiência como CEO da *Living Cities*, em texto escrito para a *Harvard Business Review*, afirma a importância de uma atividade positiva de inclusão do negro, deixando claro que a posição neutra de organizações, não acompanhada de medidas inclusivas, não resolve a falta de representatividade racial nas empresas em geral. Assim, dispõe:

> *Dirigir organizações diversas, mas não inclusivas, e falar de maneiras "neutras em relação à raça" sobre os desafios enfrentados por nossa nação estavam dentro da minha zona de conforto. Com pouca compreensão ou experiência individual criando uma cultura racialmente inclusiva, a ideia de trazer intencionalmente questões de raça para*

a organização me levou ao pânico. Entender que essa seria uma jornada de aprendizado que exigiria que eu e toda minha equipe nos esforçássemos me permitia focar em aprender sobre raça e racismo, administrar desconforto e desenvolver competências para distinguir entre perigo real digno de pânico e estiramento e medo induzido (HECHT, 2020).

Por sua vez, Ladeia (2010) ressalta como os critérios de seleção de empregos em empresas privadas possuem um alto grau de subjetividade, o que, muitas vezes, faz com que a discriminação racial não possa ser percebida. Em seus estudos, Ladeia (2010, p. 10) explicita que:

> *As empresas nas quais os depoentes trabalharam ou trabalham, nunca deixaram explícito o que esperavam deles sobre esta ou aquela atitude. Talvez por omissão, talvez por serem consideradas desnecessárias ou mesmo por questões ideológicas, preferindo colocar o problema no nível da invisibilidade. As práticas relatadas explicitam de modo inequívoco a presença na sociedade de uma herança cultural repleta de preconceitos, percepções equivocadas e petrificadas sobre a existência de uma hierarquia entre os grupos humanos.*

Todavia, ao concluir, Ladeia (2010) ressalta a importância de ações de inclusão no processo seletivo da organização e informa que isso já é realidade em muitas empresas ao longo do mundo. Assim, dispõe que:

> *Entretanto, é preciso ressalvar que muitas organizações vêm adotando ações afirmativas,*

> *principalmente as grandes corporações multinacionais, que por estarem instaladas em várias partes do globo e frente a frente com uma imensa diversidade cultural e étnica, consideram essas ações como necessidade estratégica para sobrevivência num mercado globalizado (LADEIA, 2010, p. 10).*

Por outro lado, a hierarquia ocupacional também se reflete nas publicações e nos livros mais comercializados pelas maiores editoras da área jurídica.

Dessa forma, foram pesquisadas as maiores editoras jurídicas do país e selecionados os 30 livros mais vendidos em cada uma delas, com o objetivo de verificar quantos dos autores mais conceituados e bem remunerados na área fazem parte do grupo étnico negro.

Mais uma vez, não foi considerado o aspecto local, tendo os dados sido retirados dos *sites* nacionais das referidas editoras, abrangendo autores de residência em diversas partes do país. O resultado se apresenta no gráfico 18.

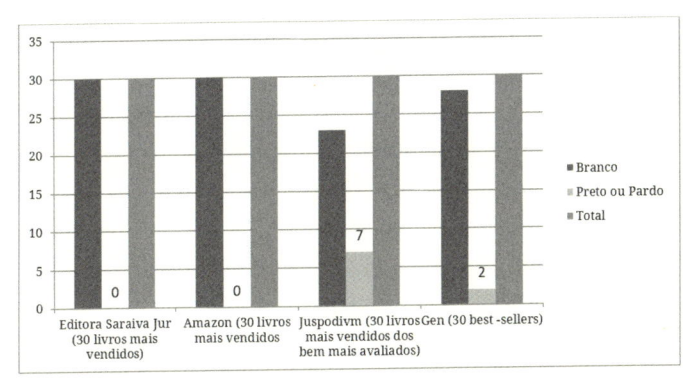

Gráfico 18: Os 30 livros mais vendidos por editora

Fonte: Levantamento do autor (2020)

Como o gráfico apresentado deixa patente, em todas as editoras, a proporção entre autores negros e brancos é desigual. Dos 120 livros pesquisados, 111 foram escritos por autores brancos e somente 9 por autores negros. Em outras palavras, ao todo, somente 7,5% dos livros mais vendidos na área jurídica, no Brasil, foram escritos por negros.

Nessa seara, a dificuldade do negro se mantém. Mais uma vez, é relevante pontuar que não se trata de racismo dos editores ou dos gestores dessas organizações, mas sim uma situação muito mais profunda que decorre da estrutura das carreiras desses profissionais "de cor". Pois, na medida em que o profissional na área jurídica não consegue obter êxito em grandes escritórios, não ganha o respaldo profissional necessário para despertar o interesse do público em ler seus estudos e percepções acerca da matéria.

Por sua vez, a ausência – ou presença rara – de negros nas editoras consagradas na área do direito, como grandes autores, também impacta na falta de sua representatividade, atingindo negativamente as gerações futuras de jovens negros graduados em direito. Trata-se de uma reação em cadeia.

É verdade que a situação tem melhorado com o ingresso de negros em cargos públicos de grande prestígio, após a criação do sistema de cotas instituído pela Lei nº 12.990/2014 e por outras leis estaduais e locais. De fato, a assunção de um cargo público eleva a estima social sobre aquele indivíduo, concedendo-lhe a credibilidade necessária a sua ascensão na carreira acadêmica.

Todavia, essa ascensão ainda é bastante incipiente e a igualdade efetiva entre as raças nessa seara está longe de ser alcançada, inclusive porque nem toda a sociedade consegue vislumbrar a necessidade de atuação positiva, imputando a ausência da diversidade étnica ao próprio negro, que não possuiria méritos suficientes como garantia de sua inserção.

Enquanto não houver o reconhecimento por parte dessas organizações de que são necessárias medidas positivas de inclusão como forma de minimizar a importância do capital social e da cor da pele na ascensão profissional desses advogados, as disparidades não irão reduzir e a diversidade cultural não será encontrada nos escritórios em geral.

4.4. Gestão da diversidade em escritórios de advocacia. Tendências de mudança

Diante do cenário negativo apresentado no que tange ao acesso do negro ao mercado de trabalho na área jurídica, a Faculdade de Direito da FGV-SP em conjunto com alguns grandes escritórios da capital paulista formaram a Aliança Jurídica pela Equidade Racial, com o objetivo de aumentar a diversidade racial no mercado da advocacia, composta pelos escritórios Trench Rossi, Tozzini Freire, Mattos Filho, BMA, Demarest, Lefosse, Pinheiro Neto, Veirano e Machado Meyer.

A referida aliança foi lançada em 19/03/2019, em evento[19] realizado na FGV-SP e dele decorreram algumas ações de recrutamento dentro dessas organizações para permitir uma gestão da diversidade, visando a garantir a diversificação racial de seu corpo de advogados.

Observe-se que a inclusão não se limita à contratação de advogados. Por exemplo, o escritório Trench, Rossi,

---

[19] O evento contou com um ciclo de palestras e workshops. Disponível em: https://portal.fgv.br/eventos/lancamento-alianca-juridica-pela-equidade-racial. Acesso em: 04 jul. 2020.

Watanabe idealizou o projeto "Incluir Direito", liderado pelo Centro de Estudos das Sociedades de Advogados (CESA), em parceria com a Universidade Presbiteriana Mackenzie e com o objetivo de qualificar estudantes da Faculdade de Direito dessa universidade, autodeclarados negros, para que sejam candidatos competitivos no mercado de trabalho na área jurídica.

Esse projeto faz a seleção de 10 alunos negros da Faculdade de Direito do Mackenzie para participar de um processo intensivo de qualificação, com o intuito de torná-los aptos a ingressar em qualquer processo seletivo de escritórios.

Detalhando o projeto e mostrando sua importância, a responsável pelo setor de Recursos Humanos do Escritório 1 explicou que: "Trata-se de projeto feito pela Aliança Jurídica pela Equidade Racial junto à Faculdade de Direito da Mackenzie e busca jovens de 2º e 3º ano do curso de graduação em direito que irão participar de aulas de inglês, comunicação, português jurídico".

Ainda sobre o referido programa, explicou que: "Após 12 meses, o jovem escolhe 3 escritórios para que ele possa participar do processo seletivo de estágio. Não há obrigatoriedade de absorção ou sistema de cotas, mas a tendência é a contratação de todos. O Escritório 1, em regra, contrata 3 estagiários desse programa, que já está em sua terceira turma[20]".

O CESA (2020), no manifesto do projeto "Incluir Direito", ressalta a importância de ações de inclusão racial, dada a desigualdade existente em decorrência do racismo estrutural da sociedade brasileira. Assim, dispõe que:

---

[20] Entrevista feita por telefone à gerente de RH do Escritório 1 no dia 10 jul. 2020. A divulgação do teor da entrevista foi devidamente autorizada.

> A baixa presença de advogadas e advogados negros é reflexo do acesso desigual à educação formal de qualidade desta parcela da população e do histórico de discriminação racial estruturante da sociedade brasileira, o que faz com que a população negra, sobretudo as mulheres, apresente condições de vida inferiores às da população branca no tocante a quase todos os direitos sociais: educação, saúde, trabalho e moradia, entre outros.
>
> A implantação de políticas públicas de cunho afirmativo, na última década, deu início à democratização do acesso à universidade. Segundo dados do Ministério da Educação, em 1997, o percentual de jovens negros, entre 18 e 24 anos, que cursavam ou haviam concluído o ensino superior era de 1,8% e o de pardos, 2,2%. Em 2013, esses percentuais já haviam subido consideravelmente: para 8,8% e 11%, respectivamente.
>
> Embora tenha havido avanços, as políticas universalistas estão longe de serem suficientes. Os números demonstram que o acesso da população negra à educação ainda é extremamente desigual. O fato de que jovens negros não estejam presentes nas principais sociedades de advogados do país somente evidencia esta situação de iniquidade no acesso à educação formal, ao ensino do Direito e, consequentemente, às carreiras jurídicas (CESA, 2020).

Da mesma forma, o Escritório 1 também aderiu ao sistema de gestão da diversidade, implementando um programa de inclusão racial para reduzir as desigualdades e garantir maior pluralidade étnica nos seus quadros de advogados.

Em relação a essas medidas, o referido escritório criou o grupo Case1[21], com a intenção de ampliar a discussão de temática racial dentro da empresa. O referido grupo é formado por profissionais das áreas de gestão e desenvolvimento e também da área jurídica para atrair, manter e desenvolver profissionais negros, aumentando a pluralidade racial da organização.

Essa iniciativa já ensejou a criação do projeto "Case1 Talentosos" em maio de 2019, que seleciona jovens pretos e pardos para ingressarem no escritório como assistentes jurídicos e usufruírem de aulas de capacitação dentro da organização.

A primeira turma está em andamento e é composta por 15 jovens que estão no 1º e 2º anos de faculdade e serão formados dentro do escritório durante 24 meses ou menos, com alguns cursos de qualificação, como inglês, português e mentoria com sócios do escritório. Durante esse período, esses alunos já têm o primeiro contato com processos judiciais também. Possuem vínculo de emprego com o escritório durante esse período, atuando como uma espécie de assistentes jurídicos.

Em entrevista com a responsável pelos recursos humanos do escritório, foi dito que: "Após a conclusão do 2º ano, estarão aptos a passar pelo processo seletivo de estágio e a tendência é que se mantenham no escritório, desde que tenham interesse. Ainda que não queiram ficar, sairão do projeto mais qualificados para o mercado jurídico".

O referido projeto prevê o ingresso de novas turmas a cada ano, como forma de permitir, cada vez mais, o ingresso

---

[21] Nome fictício.

desses negros nas grandes organizações e modificar o panorama racial dos escritórios de advocacia do país.

O escritório Tozzini Freire também aderiu a algumas medidas da gestão da diversidade, criando, em outubro de 2018, o TFInclusão[22], promovendo o debate da importância da diversidade étnica na formação dos advogados.

Vergara e Branco (2001) ressaltam a importância dessa gestão da diversidade e da atuação inclusiva das empresas para a sociedade em geral. Nesse sentido, destaca que:

> *Parece acertado afirmar que, no século que se inicia, as empresas serão julgadas por seus compromissos éticos, pelo foco nas pessoas (empregados, clientes, fornecedores, concorrentes e cidadãos em geral) e pelas relações responsáveis com o ambiente natural. O paradigma que as têm sustentado apresenta anomalias e novas ações se impõem* (VERGARA E BRANCO, 2001, p. 29).

Os compromissos éticos passam a ter importância no que tange à própria reputação da empresa perante a sociedade em geral e isso também se torna, mais recentemente, uma realidade nas grandes corporações jurídicas.

Dessa forma, pode-se vislumbrar que o debate acerca da inclusão racial passa a ter espaço em grandes escritórios. A simples existência da discussão importa no reconhecimento da existência de um racismo que é estruturante na sociedade brasileira e que atua de forma a excluir o negro dos postos mais elevados do mercado de trabalho, impedindo sua ascensão social.

---

[22] Disponível em: https://tozzinifreire.com.br/noticias/tozzinifreire--apresenta-tfinclusao Acesso em: 04 jul. 2020.

De fato, ao fomentar-se o debate, deixa-se de lado a argumentação de que o país vive em uma democracia racial e que nada deve ser feito para reduzir as igualdades entre negros e brancos para evitar a racialização da nossa sociedade. É cediço que o racismo está presente na estrutura da sociedade nacional e que ele tem forte influência no mercado de trabalho dos negros formados em direito, impactando na estrutura das organizações nessa área.

O reconhecimento dessas diferenças e da necessidade de se implementar programas de inclusão que permitam ao negro ter acesso a postos de trabalho condizentes com sua qualificação é o primeiro passo para reduzir as disparidades demonstradas nos tópicos e capítulos anteriores.

Todavia, o debate deve ser acompanhado por medidas efetivas de recrutamento e seleção que ampliem a contratação de advogados negros e garantam uma menor discrepância na composição étnica dos grandes escritórios.

A gestão da diversidade, conforme analisado em tópico anterior, desenvolvida em grandes organizações nos Estados Unidos e Canadá, por exemplo, se baseia, entre outros aspectos, em uma política de recrutamento de pessoal, na qual se priorize a contratação de negros, como forma de garantir uma pluralidade cultural que é salutar ao próprio funcionamento dessa organização e à ampliação de seu mercado consumidor.

Analisando empresas de outros ramos, por exemplo, Myers (2007) destaca a importância do recrutamento diferenciado para uma boa gestão da diversidade e explicita que verificou em muitas dessas organizações a:

> *Diversificação das fontes de recrutamento e seleção (através de divulgação de vagas para entidades negras, oficinas de sensibilização para*

> os fornecedores/empresas terceirizadas, e pedidos formais [às empresas terceirizadas ou nos anúncios de jornais] para candidatos negros)" (MYERS, 2007, p. 11).

Assim como aponta que, em algumas dessas empresas, se verificou a "criação de um banco de currículos de candidatos negros e encaminhamento desses currículos para diretores regionais, e tutoria de fornecedores ou estagiários negros" (MYERS, 2007, p. 11).

Portanto, a utilização de critérios de diversidade na seleção e recrutamento de empregados de grandes empresas é indispensável para a garantia da pluralidade almejada. Na área jurídica, a situação não deve se enxergada de forma diferente, sendo indispensável a utilização de critérios de prioridade de seleção de indivíduos negros.

A título de exemplo, em entrevista feita com a gestora de Recursos Humanos do Escritório 1, ficou explicado que, apesar de não haver uma cota específica para ingresso de negros na seleção de advogados, a referida organização vem tentando implementar a prática de sempre incluir negros de dentro do escritório na banca de seleção, como forma de garantir que o candidato se sinta representado. Esse tipo de medida reduz as desigualdades raciais no recrutamento de pessoal e enseja uma maior confiança no candidato negro que participa da seleção em condição similar à dos demais candidatos.

Assim, a criação da Aliança Jurídica pela Equidade Racial e a implementação de políticas de inclusão de negros é o primeiro passo para minimizar a racialização do mercado de trabalho na área jurídica em todo o país.

Entretanto, muito ainda precisa ser feito. Mesmo nos escritórios em que se vislumbra a preocupação com a questão racial, a participação de negros nos altos escalões ainda é pequena, dado o histórico nacional de exclusão e discriminação.

As medidas apontadas nesta obra vêm sendo implementadas em grandes escritórios de São Paulo e, espera-se, sirvam de exemplo para as demais organizações jurídicas das várias cidades brasileiras, trazendo um viés de mudança no mercado de trabalho qualificado para os profissionais da área jurídica.

Considerações finais

Como foi visto ao logo deste livro, o preconceito e a discriminação racial são fenômenos presentes ao longo da história e na maioria das sociedades, com o estabelecimento de uma hierarquia social entre diferentes grupos étnicos-culturais e condições e privilégios entre os mesmos. As diferenças se baseiam na cor da pele e em aspectos fenotípicos desse grupo inferiorizado e acabam por justificar a existência de benefícios à raça dominante e marginalização e desrespeito da cultura inerente ao grupo dominado. Ressalte-se que essa hierarquia se dá em diferentes escalas e quanto mais escura a cor da pele do indivíduo, maior a desvalorização dele.

No caso brasileiro, esse fenômeno está ligado ao sistema escravocrata, estabelecido no sistema colonial, em que os negros foram trazidos como mercadoria para a formação de uma mão de obra cativa. Essa estrutura social inclui o contingente negro na sociedade, com o status de objeto, pertencente àquele senhor que efetivou sua compra e desprovido de qualquer direito.

Após o término do regime de escravidão, a racialização da sociedade se manteve, haja vista a ausência de espaço para os negros libertos no mercado de trabalho como mão de obra assalariada. Com efeito, com o intuito de garantir o 'branqueamento" da população e – no entendimento dos eugenistas – a evolução da raça, o estado nacional incentivou a vinda de imigrantes brancos, vindos da Europa, em sua maioria da Itália, para assumir os postos de trabalho no campo e nas cidades.

De fato, aos negros restaram os subempregos nas grandes cidades que começavam a se formar. Como não foram absorvidos pelo mercado de trabalho, em sua maioria, passaram a viver em condições precárias, formando guetos e favelas, enxergados como incapazes e preguiçosos, alvo de um preconceito generalizado.

É importante ressaltar que as suas manifestações culturais e religiosas, à época, eram marginalizadas e consideradas atividades ilícitas e indevidas. Surgem teorias científicas com o intuito de justificar a condição inferiorizada do negro na sociedade, sob a tentativa de explicar que as diferenças raciais colocavam o negro, por sua própria natureza, em postos menos qualificados, dada sua menor capacidade intelectual.

Na década de 1930, a comunidade científica passa a valorizar a mestiçagem presente na sociedade brasileira, alegando a existência de uma democracia racial, onde todos os grupos étnicos conviveriam em igualdade de condições sem qualquer distinção.

A pretensa democracia surge em um contexto internacional favorável dadas as leis discriminatórias norte-americanas, o que tornava verossímil o entendimento de que não havia racismo na sociedade brasileira.

A democracia racial passa a ser contestada por autores como Fernandes (1965) e Hasenbalg (1992) que passaram a defender a existência de um racismo não individual, mas sim velado e estrutural, que impediam a ascensão social do negro.

O fato é que a questão racial passa a ser identificada no centro da questão social, no contexto brasileiro. Os negros, em sua maioria, estão alocados na base da pirâmide social nacional, com dificuldade de ascensão dada a existência de um racismo que é estruturante na sociedade e que lhes coloca em situações subalternas. A situação se agrava porque o não reconhecimento por grande parte da sociedade da existência de racismo cria uma perspectiva da discriminação fundada na ideia de meritocracia, justificando a alegação de que o negro tem condições plenas de inserir-se no contexto social, em melhores condições, e a sua não inclusão entre as elites decorre da suposta falta de méritos próprios.

Aos negros, no entanto, em sua maioria, não falta apenas o capital econômico, mas também o capital social e cultural, já que estão majoritariamente relacionados com seus pares, setorizados nos postos de trabalho subalternos e não qualificados e, diante do contexto histórico nacional, não encontram em seus ascendentes, normalmente, grande qualificação acadêmica.

Ademais, o negro é vítima de violência urbana de forma mais intensa que os brancos em situações similares, além da violência policial, haja vista ainda ser enxergado como um potencial criminoso, dado o seu fenótipo[23]. Da mesma forma, o contingente negro tem piores condições habitacionais, além do acesso limitado à educação de qualidade, o que impacta diretamente no mercado de trabalho e na renda da população afro-brasileira.

Dada a constatação da existência de uma desigualdade efetiva entre negros e brancos na sociedade brasileira, passa-se à análise do conceito de igualdade apresentado no art. 5º da Constituição da República Federativa do Brasil. A doutrina científica jurídica costuma abordar a isonomia em seus aspectos formal e material.

Não obstante a Constituição Federal assegure essa garantia de igualdade substancial entre os indivíduos, o que efetivamente ocorre até o período contemporâneo é a ausência de oportunidades a determinados grupos étnicos.

---

[23] Como exemplo, uma juíza de Santa Catarina recentemente declarou culpado um indivíduo por associação criminosa, tomando por base, como fundamento da decisão, sua raça negra. Nesse sentido, a reportagem de Baran (2020).

Dessa forma, a igualdade substancial ou material consiste em dar tratamento diferenciado àqueles que não estão nas mesmas condições, como forma de reduzir as diferenças reais. Com efeito, se busca igualar juridicamente pessoas que não estão faticamente em situações similares.

Essa busca pela igualdade material justifica a existência de ações afirmativas, por meio de discriminações positivas que irão tentar minimizar as desigualdades fáticas existentes.

Dentre as ações afirmativas relevantes, criadas com o objetivo de reduzir as desigualdades raciais, está o sistema de cotas implantado para o acesso ao ensino superior.

Ante a indiscutível importância de uma educação de qualidade para garantia do exercício da cidadania, a Lei nº 12.711/2012 criou um sistema de cotas raciais para garantir o ingresso de negros nas universidades públicas, com o intuito de reduzir o abismo existente entre as raças no que tange à qualificação acadêmica.

Trata-se de uma conquista que decorreu de um debate intenso na sociedade, de uma importante atuação do Movimento Negro Unificado e do reconhecimento de que a ausência de qualificação consistia em um fator de exclusão social do negro.

Cabe destacar que o sistema de cotas raciais sofreu duras críticas de parte da sociedade que defendia a quebra do sistema meritocrático e, consequentemente, o desrespeito à isonomia, alegando inclusive que o acesso dos negros ensejaria uma diminuição na qualidade de ensino nessas instituições públicas.

Por óbvio, trata-se de alegação dos que buscam manter o ensino superior público nas mãos da elite branca dominante, uma vez que não se pode trazer à baila uma discussão de mérito próprio, dadas as condições precedentes absolutamente diversas. De fato, os negros advindos de escolas públicas de ensino infantil e fundamental, com baixa qualidade, não têm como competir em igualdade de condições com os brancos egressos de escolas privadas, com acesso à melhor educação formal.

Com a implementação do sistema de cotas, houve um aumento da participação do negro nas universidades públicas, o que ensejou uma maior qualificação dessa população para a inserção no mercado de trabalho. Com efeito, os negros passam a ter condições de lutar por uma colocação em postos de trabalho de maior remuneração e prestígio social.

No mercado de trabalho privado, porém, os impactos dessas políticas de ações afirmativas ainda não se manifestaram de forma satisfatória, especialmente nas profissões de maior prestígio social e maior remuneração, como é o caso do direito, analisado neste livro. Assim, apesar da maior facilidade de acesso ao ensino superior, quase 10 anos após a publicação da legislação federal, os negros ainda são a minoria nos postos de trabalho de maior qualificação e remuneração. Os estudos mostram que as grandes organizações estão gerenciadas por brancos, em sua maioria, estando os negros, majoritariamente, concentrados em posições subalternas e menos qualificadas.

Países como Estados Unidos e Canadá implementaram ações afirmativas com o intuito de impor a participação de negros em postos qualificados nas grandes organizações, o que ensejou o surgimento de planos de gestão da diversidade nessas empresas.

Por gestão da diversidade, entende-se a criação de políticas internas de inclusão, buscando garantir uma maior pluralidade étnica e cultural dentro da corporação. Diante da pressão estatal, as organizações passaram a implementar tais medidas como forma de aumentar sua competitividade no mercado. Assim, passou-se a vislumbrar que a presença, por exemplo, de negros, em postos qualificados, garante um maior alcance desse mercado consumidor.

A gestão da diversidade, então, passa a ser implementada para garantir uma maior diversificação das grandes corporações, inclusive, sendo relevante para alavancar a sua imagem.

No entanto, verifica-se que a referida política ainda é incipiente no mercado brasileiro, estando, majoritariamente, presente em empresas multinacionais e com sede nos Estados Unidos. Apesar das medidas governamentais de fomento à inclusão, como a criação de projeto no âmbito do MPT – Coordigualdade – e nos estados e municípios, ainda falta a inserção de uma norma coercitiva que imponha a criação de postos de trabalhos qualificados para o grupo étnico preto e pardo.

Transferindo a realidade para o contexto das organizações jurídicas, a situação ainda é mais preocupante. A pesquisa aqui efetivada concluiu que a maioria dos escritórios, nas diversas regiões do país, não possui qualquer política de inclusão racial.

No mesmo sentido, em pesquisas efetivadas pelo CEERT (2019), foi demonstrado que apenas 1% dos sócios e advogados plenos em grandes escritórios são negros.

Analisando a situação, foi aplicado um questionário respondido por sócios de 15 grandes escritórios nas 5 regiões do país e todos eles explicaram que consideram importante a existência de uma diversidade étnica, mas que os critérios de admissão são exclusivamente meritocráticos, razão pela qual não implementaram qualquer medida de inclusão racial.

De fato, o que se verificou nas entrevistas é que a maioria dos sócios não está preocupada com a questão racial e, muito embora declare não ter qualquer preconceito, não está também disposta a tomar qualquer medida de inclusão, mostrando-se indiferente frente ao problema racial. Acredita, como a maior parte da sociedade nacional, que as oportunidades estão abertas a todos e que o problema é questão de mérito e de capacidade dos negros de disputá-las.

Assim, não se leva em consideração que, não obstante a existência das ações afirmativas de acesso ao ensino superior, a trajetória de negros e brancos, normalmente, não é igual em termos de ensino anterior de boa qualidade, além do acesso ao capital cultural, como o domínio de língua estrangeira, não aprendido em escolas públicas e da maior dificuldade de dedicar-se exclusivamente ao ensino básico.

Além disso, ficou demonstrado que a indicação de outros sócios é o critério mais utilizado para o ingresso de novos advogados nos grandes escritórios, deixando clara a importância do capital social que a maioria dos negros não possui, dada sua realidade social.

Assim, o silêncio das grandes organizações acaba por eliminar as chances de ascensão dos negros formados na área jurídica, já que, em sua maioria, carecem de uma rede de relações que lhes garanta uma indicação para ingresso nos escritórios de grande porte. Ainda, é importante ressaltar que os critérios de mérito são subjetivos e influenciados pelo próprio racismo estrutural presente na sociedade brasileira.

Não se pode deixar de reconhecer que algumas mudanças já podem ser percebidas. A preocupação com a isonomia racial começa a ser vislumbrada em grandes escritórios de São Paulo. Em 2018, seis grandes escritórios da capital paulista criaram a

Aliança Jurídica pela Equidade Social e, com ela, foram implementadas medidas de inclusão como o projeto Incluir Direito e Soma Talentos analisados no capítulo anterior.

Os referidos projetos consistem no investimento em alunos negros do 1º ao 3º ano de graduação, com a oferta de cursos de capacitação profissional e, mais importante, com a abertura das portas desses escritórios para o ingresso desses jovens.

Não obstante tratar-se de projeto incipiente, pode-se verificar que ainda há esperança na mudança de percepção dessas corporações que têm a capacidade de enxergar a importância da diversidade racial para esses escritórios, seja na busca por clientes, seja na imagem da instituição perante a sociedade.

As novas gerações de negros egressos de universidades públicas passam a enxergar uma luz no fim do túnel, porém, as medidas, parece, são ainda insuficientes para apagar as marcas históricas de séculos de exclusão e discriminação.

Compete ao poder público, assim como aconteceu nos Estados Unidos e Canadá na década de 1990, implementar medidas coercitivas para acelerar o processo de inclusão racial nas grandes corporações. Os jovens negros não podem contar com a sorte e com a crença de que a sociedade irá, por si só, preocupar-se com seu futuro.

Se nada for feito de mais efetivo, mais uma geração se perderá em uma sociedade racializada e preconceituosa que subjuga parte de sua população com base unicamente em suas características fenotípicas e a tão almejada isonomia, consagrada na Constituição da república, provavelmente, não será materializada.

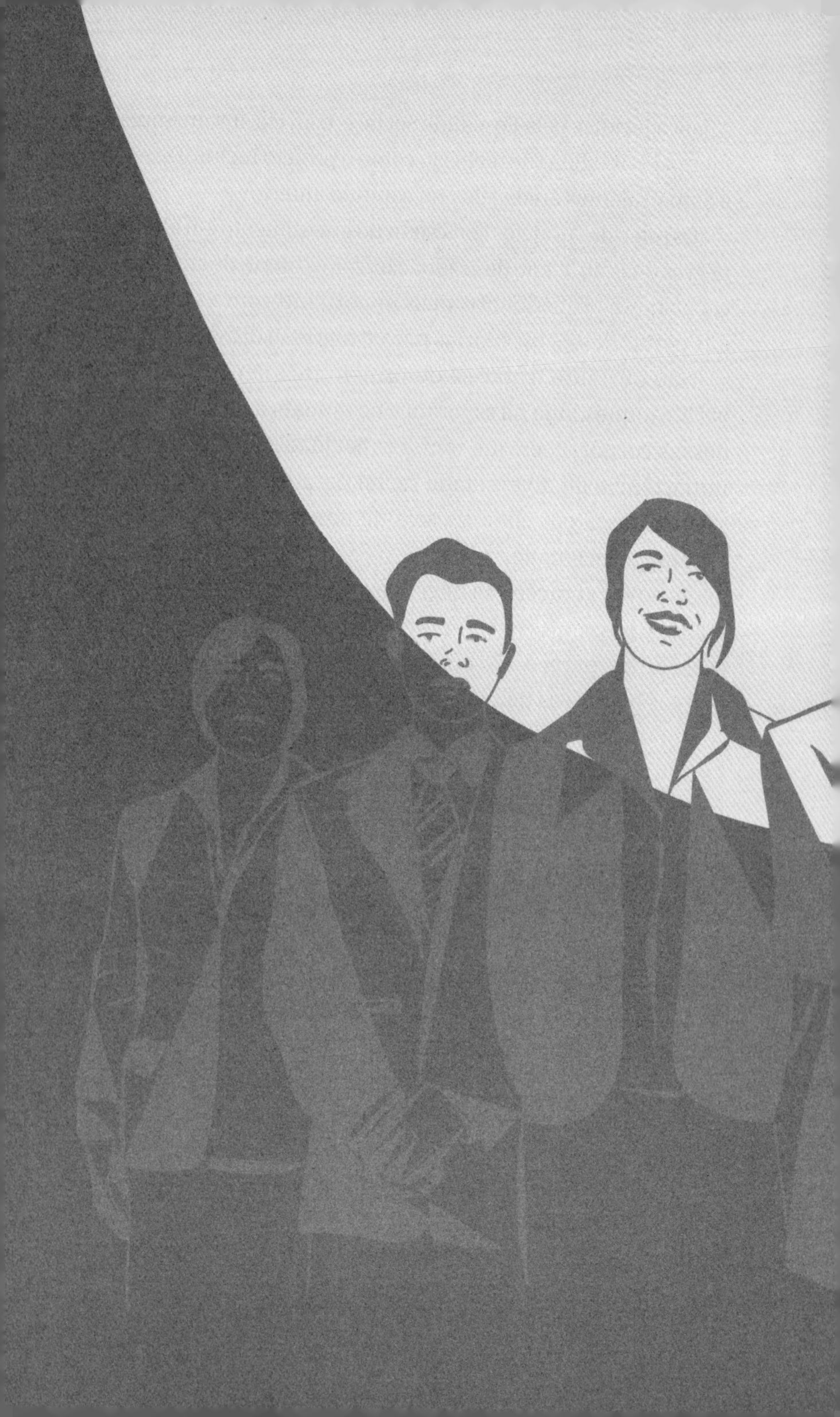

Referências

ALMEIDA, Silvio Luís de. **O que é racismo estrutural**. Belo Horizonte, MG: Letramento, 2018.

AMADO, Jorge. **Jubiabá**. São Paulo: Companhia das Letras, 1935.

ANDRADE, Liara. Elas protagonizam só 7,4% dos comerciais, **Folha de São Paulo**, São Paulo, p. 07, Caderno Mercado, 06 out. 2019.

ANIZZELI, Eduardo. Homem Branco domina geração do conhecimento. **Folha de São Paulo**, São Paulo, p. A24, Caderno Mercado. Minoria Invisível, 09 out. 2019.

ANUNCIAÇÃO, Diana; TRAD, Leny Alves Bonfim; FERREIRA, Tiago. "Mão na cabeça!": abordagem policial, racismo e violência estrutural entre jovens negros de três capitais do Nordeste. **Saude Soc.**, São Paulo, v. 29, n. 1, 2020. Disponível em: https://doi.org/10.1590/s0104-12902020190271. Acesso em: 02 abr. 2020.

AQUINO ALVES, M.; GALEÃO-SILVA, L. G. A crítica da gestão da diversidade nas organizações. **RAE - Revista de Administração de Empresas**, São Paulo, v. 44, n. 3, p. 20 - 29, jul. - set. 2004.

ARAÚJO, Guilherme Silva; RIBEIRO, Rosana. Segregação ocupacional no mercado de trabalho segundo cor e nível de escolaridade no Brasil contemporâneo. **Nova Economia**, v. 26, n.1, 2016. Disponível em: http://www.scielo.br/scielo.php?script=sci_arttext&pid=S0103635120160001001478&lng=pt&tlng=PT. Acesso em: 27 mar. 2020.

ARAÚJO, Ricardo Benzaquen de. **Guerra e paz**: casa grande e senzala e a obra de Gylberto Freyre nos anos 30. Rio de Janeiro: Ed. 34, 1994.

ASSOCIAÇÃO BRASILEIRA DE NORMAS TÉCNICAS. **Informação e documentação - referências – elaboração**: NBR 6023. Rio de Janeiro, 2018. 68 p.

AZEVEDO, Célia Maria Marinho. **Onda negra, medo branco**: o negro no imaginário das elites do século XIX. Rio de Janeiro: Paz e Terra, 1987. p. 37.

BARAN, Katna. Juíza associa homem negro a grupo criminoso em razão da sua raça. **Folha de São Paulo**, 12 ago. 2020. Disponível em: https://www1.folha.uol.com.br/cotidiano/2020/08/juiza-associa-homem-negro-a-grupo-criminoso-em-razao-da-sua-raca.shtml. Acesso em: 15 ago. 2020.

BARROS, Geová da Silva. Filtragem racial: a cor na seleção do suspeito. **Revista Brasileira de Segurança Pública**, São Paulo, v. 2, n.1, p. jul.- ago. 2008.

BENTO, Maria Aparecida da Silva. Branqueamento e branquitude no Brasil. *In:* CARONE, Iray; BENTO, Maria Aparecida Silva (orgs.). **Psicologia social do racismo – estudos sobre branquitude e branqueamento no Brasil.** Petrópolis, RJ: Vozes, 2012. p. 25-58.

BENTO, Maria Aparecida da Silva. **Pactos narcísicos:** branquitude e poder nas organizações empresariais e no poder público. 2002. 169 f. Tese (Doutorado em Psicologia) - Instituto de Psicologia de São Paulo, São Paulo, SP, 2002.

BERBEL, Marcia Regina; MARQUESE, Rafael de Bivar; PARRON, Tâmis. **Escravidão e política:** Brasil e Cuba, 1790-1850. São Paulo: Hucitec, 2010. p. 85.

BERNARDO, Augusto Sérgio São. Ética da diferença e criminalização racial. [s.l]: [s.n], 2018. Disponível: http://

bradonegro.com/content/arquivo/12122018_132500.pdf. Acesso em: 02 abr. 2020.

BOLONHA, Carlos; TEFFÉ, Chiara de. Cotas universitárias no Brasil: uma análise sobre o comportamento institucional. **Revista da Faculdade de Direito**, Curitiba, PR, n. 55, 2012.

BONETI, Lindomar Wessler. Educação, cidadania e classes sociais. **REGAE: Revista de Gestão e Avaliação Educacional**, Santa Maria, RS, v. 1, n.1, jan.- jun. 2009.

BORGES, Ângela M.C.; CARVALHO, Inaiá M. M. Revisitando os efeitos de lugar: segregação e acesso ao mercado de trabalho em uma metrópole brasileira. **Caderno CRH**, Salvador, BA, v. 30, n. 79, 2017.

BRASIL. **Constituição da República Federativa do Brasil**. Brasília, DF: Senado Federal, 1988.

BRASIL. **Lei 0601/1850, de 18 de setembro de 1850**. Dispõe sobre as terras devolutas do Império. Site do Planalto, 1850. Disponível em: http://www.planalto.gov.br/ccivil_03/LEIS/L0601-1850.htm. Acesso em: 26 mar. 2020.

BRASIL. **Decreto nº 528, de 28 de junho de 1890**. Regulariza o serviço da introdução e localização de imigrantes na República dos Estados Unidos do Brasil. Disponível em: http://legis.senado.leg.br/norma/388093. Acesso em: 07 abr. 2020.

BRASIL. **Decreto-Lei nº 7.967, de 18 de setembro de 1945**. Dispõe sobre a imigração e colonização, e dá outras providências. Disponível em: https://presrepublica.jusbrasil.com.br/legislacao/126587/decreto-lei-7967-45. Acesso em: 07 abr. 2020.

BRASIL. **Lei 5.172, de 25 de outubro de 1966**. Código Tributário Nacional. Dispõe sobre o Sistema Tributário

Nacional e institui normas gerais de direito tributário aplicáveis à União, Estados e Municípios. Disponível em: http://www.planalto.gov.br/ccivil_03/leis/l5172compilado.htm. Acesso em: 27 mar. 2020.

BRASIL. **Lei 7.437, de 24 de julho de 1985.** Disciplina a ação civil pública de responsabilidade por danos causados ao meio-ambiente, ao consumidor, a bens e direitos de valor artístico, estético, histórico, turístico e paisagístico (VETADO) e dá outras providências. Disponível em: http://www.planalto.gov.br/ccivil_03/LEIS/L7437.htm. Acesso em: 25 mar. 2020.

BRASIL. **Lei 7.716, de 05 de janeiro de 1989.** Define os crimes resultantes de preconceito de raça ou de cor. Disponível em: http://www.planalto.gov.br/Ccivil

_03/leis/l7716compilado.htm. Acesso em: 25 mar. 2020.

BRASIL. **Lei nº 8.112, de 11 de dezembro de 1990.** Dispõe sobre o regime jurídico dos servidores públicos civis da União, das autarquias e das fundações públicas federais. Disponível em: http://www.planalto.gov.br/ccivil_03/leis/l8112cons.htm. Acesso em: 20 jul. 2020.

BRASIL. **Lei 10.639 de 9 de janeiro de 2003**. Altera a Lei nº 9.394, de 20 de dezembro de 1996, que estabelece as diretrizes e bases da educação nacional, para incluir no currículo oficial da Rede de Ensino a obrigatoriedade da temática «História e Cultura Afro-Brasileira», e dá outras providências. Disponível em: http://www.planalto.gov.br/ccivil_03/leis/2003/l10.639.htm. Acesso em: 20 jun. 2020.

BRASIL. **Lei nº 12.288, de 20 de julho de 2010.**. Institui o estatuto da igualdade racial; altera as Leis n°s 7.716, de 5 de janeiro de 1989, 9.029, de 13 de abril de 1995, 7.347, de 24 de julho de 1985, e 10.778, de 24 de novembro de

2003. Disponível em: http://www.planalto.gov.br/ccivil_03/_Ato2007-2010/2010/Lei/L12288.htm. Acesso em: 30 jun. 2020.

BRASIL. **Lei 12.711, de 29 de agosto de 2012.** Dispõe sobre o ingresso nas universidades federais e nas instituições federais de ensino técnico de nível médio e dá outras providências. Brasília, 2012. Disponível em: http://www.planalto.gov.br/ccivil_03/_ato2011-2014/2012/lei/l12711.htm. Acesso em: 11 mar. 2020.

BRASIL. **Lei 12.990, de 09 de junho de 2014.** Dispõe Reserva aos negros 20% (vinte por cento) das vagas oferecidas nos concursos públicos para provimento de cargos efetivos e empregos públicos no âmbito da administração pública federal, das autarquias, das fundações públicas, das empresas públicas e das sociedades de economia mista controladas pela União. Disponível em: http://www.planalto.gov.br/ccivil_03/_ato2011-2014/2014/lei/l12990.htm. Acesso em: 07 abr. 2020.

BRASIL. Supremo Tribunal Federal. **ADPF n. 186/DF.** Relator: Ministro Ricardo Lewandowski, 25 e 26 abr. 2012. Disponível em: https://www.conjur.com.br/dl/acordao-adpf-186-cotas-raciais.pdf. Acesso em: 17 jul. 2020.

CALDEIRA, Teresa Pires do Rio. **Cidade dos muros:** crime, segregação e cidadania em São Paulo. São Paulo: EDUSP, 2000.

CANOTILHO, J.J.G. **Direito constitucional.** 6. ed. Coimbra: Almedina, 2002.

CARDOSO, Adalberto Moreira. **A construção da sociedade do trabalho no Brasil:** uma investigação sobre a persistência secular das desigualdades. 2 ed. Rio de Janeiro: Amazon, 2019.

CARTER, Evelyn R. Restructure your organization to actually advance racial justice. **Harvard Business Review**, 22 jun. 2020. Disponível em: https://hbr.org/2020/06/restructure-your-organization-to-actually-advance-racial-justice. Acesso em: 09 jul. 2020.

CARVALHO, Inaiá Maria Moreira de. Desigualdades raciais no espaço urbano. **Cadernos do CEAS: Revista Crítica de Humanidades**, Salvador, BA, v. 45, n. 249, 2020. Disponível em: https://cadernosdoceas.ucsal.br/index.php/cadernosdoceas/article/view/621. Acesso em: 20 jul. 2020.

CARVALHO, Carolina Silva de; CERQUEIRA-ADÃO; Sebastião Ailton da Rosa; PERES, Luise Bittencourt. Gestão da diversidade étnica nas organizações e a formação do administrador na Universidade Federal do Pampa – UNIPAMPA. *In:* COLOQUIO INTERNACIONAL DE GESTION UNIVERSITÁRIA, 17., Florianópolis, SC. **Anais** [...]. Florianópolis (SC): UFSC, 2018. Disponível em: https://repositorio.ufsc.br/bitstream/handle/123456789/190716/102_00148.pdf?sequence=1&isAllowed=y. Acesso em: 18 jun. 2020.

CASAIS NETO, Rafael; CALAZANS, Márcia Esteves de. Necropolítica racial criminal em uma capital do nordeste do Brasil: uma análise criminológica dos homicídios em Salvador. **PIXO, Revista de Arquitetura, Cidade e Contemporaneidade**, Salvador, v. 1, n. 3, 2017. Disponível em: https://periodicos.ufpel.edu.br/ojs2/index.php/pixo/article/view/12812. Acesso em: 10 jun. 2020.

CEERT. Negros representam menos de 1% do corpo jurídico de grandes escritórios. **Jota Info**. 21 mar. 2019. Disponível em: https://ceert.org.br/noticias/direitoshumanos/24308/

negros-representam-menos-de-1-do-corpo-juridico-de-grandes-escritorios. Acesso em: 12 jul. 2020.

CESA. **Manifesto projeto incluir direito**. Disponível em: http://cesa.org.br/manifesto_-_projeto_incluir_direito.html. Acesso em: 04 jul. 2020.

COELHO JUNIOR, Pedro Jaime de. **Executivos negros**: racismo e diversidade no mundo empresarial. São Paulo: EDUSP, 2016.0

COLONA, Noemia. Por que o número de executivos negros no Brasil é tão baixo?. **UOL Economia,** 13 ago. 2017. Disponível em: https://economia.uol.com.br/noticias/bbc/2017/08/13/por-que-o-numero-de-executivos-negros-no-brasil-e-tao-baixo.htm. Acesso em: 29 jun. 2020.

CORRÊA DO LAGO, Luiz Aranha. **Da escravidão ao trabalho livre**: Brasil, 1550-1900. São Paulo: Companhia das Letras, 2014. p. 89.

COX, T. H. **Cultural diversity in organizations**: theory, research and practice. San Francisco: Berrett-Koehler Publishers, 1994.

COX, T. H.; BLAKE, S. Managing cultural diversity: implications for organizational competitiveness. **The Executive**, v. 5, p. 45-56, 1991. Disponível em: https://doi.org/10.5465/AME.1991.4274465. Acesso em: 18 jul. 2020.

CULOLO, Eduardo. Negras, jovens e pessoas com pouco estudo são a cara do desalento no país. **Folha de São Paulo**, São Paulo, p. 16, 22 set. 2019. Disponível em: https://www1.folha.uol.com.br/mercado/2019/09/negras-jovens-e-pessoas-com-pouco-estudo-sao-a-cara-do-desalento-no-pais.shtml. Acesso em: 12 jun. 2020.

DALLARI, Dalmo de Abreu. **Elementos da teoria geral do Estado**. 25. ed. São Paulo: Saraiva, 2005.

DOMINGUES, Petrônio. O recinto sagrado: educação e antirracismo no Brasil. **Cadernos de Pesquisa**, v. 39, n. 138, set.- dez. 2009.

DOMINGUES, Petrônio. O mito da democracia racial e a mestiçagem, no Brasil (1889-1930). **Diálogos Latinoamericanos**, v. 6, n. 10, 2005. Disponível em: https://tidsskrift.dk/dialogos/article/view/113653. Acesso em: 07 abr. 2020.

FARIA, E. Vilmar. Cinquenta anos de urbanização no Brasil. **Novos Estudos CEBRAP**, n. 29, mar. 1991.

FEBRABAN NOTÍCIAS. **Faculdade Zumbi dos Palmares e FEBRABAN abrem inscrição em curso de capacitação para jovens negros**. Disponível em: https://portal.febraban.org.br/noticia/3277/pt-br. Acesso em: 29 jun. 2020.

FERNANDES, Florestan. **A integração do negro na sociedade de classes**. São Paulo: Dominus, 1965. v. 1.

FERNANDES, Florestan. **A integração do negro na sociedade de classes**. São Paulo: Nacional, 1965. v. 2.

FLAUZINA, Ana L. P. **Corpo negro caído no chão: o sistema penal e o projeto genocida do Estado brasileiro**. 2006. Dissertação (Mestrado em Direito) – Universidade de Brasília, Brasília, DF, 2006.

FLEURY, Maria Tereza Leme. Gerenciando a diversidade cultural: experiências de empresas Brasileiras. **Revista de Administração de Empresa**, São Paulo, v. 40, n. 3, p. 18-25, set. 2000.

FRAGA, Érica. Pesquisas econômicas apontam como racismo perpetua fosso social. **Folha de São Paulo**, São Paulo, Caderno mercado A22, 19 jul. 2020.

FRASER, Nancy. Da redistribuição ao reconhecimento? Dilemas da justiça na era pós-socialista. *In*: SOUZA, Jessé (org.). **Democracia hoje**: novos desafios para a teoria democrática contemporânea. Brasília: UNB, 2001.

FREYRE, Gilberto. **Casa grande e senzala**. São Paulo: Global, 2013.

FREYRE, Gilberto. Democracia racial no Brasil. **Veja**, v. 10, 15 abr. 1970. Disponível em: https://acervo.veja.abril.com.br/#/search/312?endDate=11%2F09%2F1971&startDate=11%2F09%2F1968&term=gilberto%20freyre. Acesso em: 04 maio 2020.

GARRIDO, Alicia; ÁLVARO, José Luis; CAMINO, Leoncio; RAVARES, Talita Leite; TORRES, Ana Raquel Rosas. Repertórios discursivos de estudantes universitários sobre cotas raciais nas universidades públicas brasileiras. **Revista Psicologia e Sociedade**, v. 26, n. especial, p. 117-128, 2014. Disponível em: http://www.scielo.br/scielo.php?script=sci_arttext&pid=S0102-71822014000500013. Acesso em: 24 mar. 2020.

GILBERT, Jaqueline A.; STEAD, Bette A.; VANCERICH, John M. Diversity management: a new organizational paradigms. **Journal of Business Ethnics**, n. 21, p. 61-76, 1999.

GOLDIM, José Roberto. **Eugenia**. 1998. Disponível em: https://www.ufrgs.br/bioetica/eugenia.htm. Acesso em: 2 nov. 2019.

GOMES, Laurentino. **Escravidão – do primeiro leilão de cativos em Portugal à morte de Zumbi dos Palmares**. Rio de Janeiro: Globo Livros, 2019. v. 1.

GOMES, Nilma Lino. Movimento negro e educação: ressignificando e politizando a raça. **Educ. Soc.**, Campinas, v. 33, n. 120, p. 727-744, jul.- set. 2012. Disponível em: file:///C:/Users/PC_MC/Downloads/Movimento%20negro%20e%20

educa%C3%A7%C3%A3o%20ressignificando%20e%20politizando%20a%20ra%C3%A7a.pdf. Acesso em: 27 mar. 2020.

GONÇALVES, L.A.O.; SILVA, P.B.G. Movimento negro e educação. **Revista Brasileira de Educação,** São Paulo, n. 15, p. 134-158, set.- dez. 2000.

GONÇALVES, Ricardo Juozepavicius. **O conceito de esfera pública jurídica e a audiência pública sobre cotas raciais no Supremo Tribunal Federal.** São Paulo: Lua Nova, 2018.

GONÇALVES, Sebastião Rodrigues. Classes sociais, lutas de classe e movimentos sociais. *In:* ORSO, Paulino José; GONÇALVES, Sebastião Rodrigues; MATTOS, Valci Maria (orgs.). **Educação e luta de classes.** São Paulo: Expressão Popular, 2008.

GUIMARÃES, Antônio Sérgio Alfredo. Como trabalhar com "raça" em sociologia. **Educação e Pesquisa,** São Paulo, v. 29, n.1, p. 93-107, jan.- jun. 2003.

HASENBALG, Carlos. **Discriminação e desigualdades raciais no Brasil.** Rio de Janeiro: Graal, 1979.

HASENBALG, Carlos; SILVA, N. V. **Estrutura social, mobilidade e raça.** São Paulo: Vértice, 1988.

HASENBALG, Carlos; SILVA, N. V. **Relações raciais no Brasil contemporâneo.** Rio de Janeiro: Rio Fundo, 1992.

HASENBALG, Carlos. **Discriminação e desigualdades raciais no Brasil.** 2. ed. São Paulo: Humanitas, 2005.

HECHT, Ben. **Moving beyond diversity toward racial equity.** [s.l]: Harvard Business Review, jun. 2020. Disponível em: https://hbr.org/2020/06/moving-beyond-diversity-toward-racial-equity. Acesso em: 09 jul. 2020.

HENRIQUES, Ricardo. **Desigualdade racial no Brasil:** evolução das condições de vida na década de 90. Rio de Janeiro: IPEA; Brasília: Ministério do Planejamento, Orçamento e Gestão, 2001. Disponível em: http://www.ipea.gov.br/portal/images/stories/PDFs/TDs/td_0807.pdf. Acesso em: 16 jun. 2020.

HORWITZ S. K.; HORWITZ I. B. The effects of team diversity on team outcomes: a meta-analytic review of team demography. **Journal of Management**, v. 33, n. 6, p. 987-1015, dec. 2007.

IANNI, Octavio. Racialization of the world. **Tempo Social; Rev. Sociol**, São Paulo, v. 8, n. 1, p. 1- 23, may 1996.

IBGE. **Indicadores sociais**. Rio de Janeiro, 2019. Disponível em: ftp://ftp.ibge.gov.br/Indicadores_Sociais/Desigualdades_por_Cor_ou_Raca/od. Acesso em: 26 maio 2020.

IBGE. **Indicadores sociais**. Rio de Janeiro, 2018. Disponível em: ftp://ftp.ibge.gov.br/Indicadores_Sociais/Desigualdades_por_Cor_ou_Raca/od. Acesso em: 26 maio 2020.

IBGE. PNAD CONTINUA. **Indicadores sociais**. Rio de Janeiro, 2017. Disponível em: ftp://ftp.ibge.gov.br/Indicadores_Sociais/Desigualdades_por_Cor_ou_Raca/od.

Acesso em: 26 maio 2020.

IBGE: taxa de desemprego de pretos e pardos continua bem acima da taxa de brancos. **Jornal Estado de Minas,** Minas Gerais, BH, Caderno Economia, 15 ago. 2019. Disponível em: https://www.em.com.br/app/noticia/economia/2019/08/15/

internas_economia,1077503/ibge-taxa-de-desemprego--de-pretos-e-pardos-continua-bem-acima-da-taxa.shtml. Acesso em: 07 abr. 2020.

INSTITUTO ETHOS. **Perfil social, racial e de gênero das 500 maiores empresas do Brasil e suas ações afirmativas.** São Paulo, 2016.

INSTITUTO ETHOS. **Perfil social, racial e de gênero das 500 maiores empresas do Brasil e suas ações afirmativas.** São Paulo, 2010.

INSTITUTO ETHOS DE EMPRESAS E RESPONSABILIDADE SOCIAL. **Como as empresas podem (e devem) valorizar a diversidade.** São Paulo, 2002.

JACCOUD, Luciana. Racismo e República: o debate sobre branqueamento e discriminação racial no Brasil. *In.* THEODORO, Mário; JACCOUD, Luciana; GUERREIRO, Rafael; SOARES, Osorio Sergei. **As políticas públicas e a desigualdade racial no Brasil 120 anos após a abolição.** Brasília: IPEA, 2008.

JAIME, Pedro; BARRETO, Paula, OLIVEIRA, Cloves. Lest we forget! Presentation of the special issue racial dimensions in the corporate world. **Organizações e Sociedade(*online*)**, v. 25, p. 542-550, 2018. Disponível em: file:///C:/Users/PC_MC/Downloads/Dossie%20Relacoes%20Raciais%20nas%20Organizacoes%20O%20&%20S%20UFBa%20(2).pdf. Acesso em: 29 jun. 2020.

JOTA INFO. **Negros representam menos de 1% do corpo jurídico de grandes escritórios**: estudo com nove grandes bancas traça panorama da falta de diversidade na advocacia nacional. Disponível em: https://jotainfo.jusbrasil.com.br/noticias/688048684/negros-representam-menos-de-1-do-corpo-juridico-de-grandes-escritorios. Acesso em: 20 jun. 2020.

KLEIMAN, Angela B. **Os siginificados do letramento:** uma nova perspectiva sobre a prática social. Campinas, SP: Mercado das Letras, 1995.

LADEIA, Renato. Os processos seletivos nas organizações: diversidade e discriminação. *In:* ENCONTRO NACIONAL DE ENGENHARIA DE PRODUÇÃO, 30., 2010, São Carlos, SP. **Anais** [...]. São Carlos, SP: UFSCAR, 2010.

LARA, Silvia Hunold. **Fragmentos setecentistas:** escravidão, cultura e poder na América Portuguesa. São Paulo: Companhia das Letras, 2007.

LEAL, Camila Garcez (org.); ROCHA, Júlio Cesar de Sá (coord.). **Enegrecendo o direito:** questões raciais no Brasil [livro eletrônico]. Salvador, BA: Mente Aberta, jun. 2020.

LEORATTI, Alexandre. Negros são menos de 1% em grandes escritórios. Estudo com nove grandes bancas traça panorama da falta de diversidade na advocacia nacional. **Jota Info,** 21 mar. 2019. Disponível em: https://www.jota.info/pesquisa-empirica/negros-maiores-escritorios-21032019. Acesso em: 20 jul. 2020.

LOMBROSO, Cesare. **O homem delinquente** . Tradução Sebastião José Roque. São Paulo: Ícone, 2013. (Coleção fundamentos de direito).

LOPES, Eduardo. **Como a lei de terras perpetuou a opressão dos negros.** [s.l]: Instituto Mercado Popular, 2014. Disponível em: http://mercadopopular.org/politica/como--lei-de-terras-perpetuou-opressao-dos-negros/. Acesso em: 06 mar. 2020.

MARCHANT, Alexandre. **Do escambo à escravidão - as relações econômicas de portugueses e índios na colonização do Brasil, 1500-1580.** Rio de Janeiro: Nacional. 1943.

MARTINS, Tereza Cristina Santos. **Racismo no mercado de trabalho**: limites à participação dos trabalhadores negros na constituição da "questão social" no Brasil. 2012. Tese (Doutorado em Serviço Social) – UFPE, Recife, PE, 2012. Disponível em: https://repositorio.ufpe.br/bitstream/123456789/10708/1/Tereza_Cristina_Servi%C3%A7o-Social.pdf. Acesso em: 06 jul. 2020.

MATTOS, Hebe Maria. A escravidão moderna nos quadros do Império português: o Antigo Regime em perspectiva atlântica. *In:* FRAGOSO, João; BICALHO, Maria Fernanda; GOUVEA, Maria de Fátima (orgs.). **O antigo regime nos trópicos**: a dinâmica imperial portuguesa (séculos XVI-XVIII). Rio de Janeiro: Civilização Brasileira, 2001. p.141-162.

MELLO, Marco Aurélio. Ótica constitucional – a igualdade e as ações afirmativas. *In:* MARTINS, Ives Gandra da Silva. **As vertentes do direito constitucional contemporâneo:** estudos em homenagem a Manoel Gonçalves Ferreira Filho. Rio de Janeiro: América Jurídica, 2002.

MEYERS, Aaron. O valor da diversidade racial nas empresas (La valeur de la diversité raciale dans les entreprises) **Estud. Afro-Asiát.**, Rio de Janeiro, v. 25, n. 3, 2003. Disponível em: http://dx.doi.org/10.1590/S0101-546X2003000300005. Acesso em: 04 jul. 2020.

MINISTÉRIO PÚBLICO DO TRABALHO. **Nota técnica GT de Raça 001/2018**: coordigualdade- MPT. 2018. Disponível em: https://mpt.mp.br/pgt/publicacoes/notas-tecnicas/nota-tecnica-gt-de-raca-no-01/@@display-file/arquivo_pdf. Acesso em 29 jun. 2020.

MINISTÉRIO PÚBLICO DO TRABALHO. **Ministério Público do Trabalho pede a inclusão da população negra em redes de TV e agências de modelo no Paraná MPT-PR** expede recomendações para promover a inclusão profissional da negros em redes de TV e agências de modelo. 29 jun. 2020. Disponível em: https://mpt.mp.br/pgt/noticias/mpt-pr-expede-recomendacoes-para-promover-a-inclusao-profissional-da-negros-em-redes-de-tv-e-agencias-de-modelo. Acesso em: 30 jun. 2020.

MOORE, Carlos. **Racismo e sociedade**: novas bases epistemológicas para a compreensão do racismo na história. Belo Horizonte: Mazza Edições, 2007.

MUNANGA, Kabengele. **Rediscutindo a mestiçagem no Brasil**: identidade nacional versus identidade negra. Rio de Janeiro: Vozes, 1999.

MUNANGA, Kabengele. **Rediscutindo a mestiçagem no Brasil:** identidade nacional versus identidade negra. Belo Horizonte: Autêntica, 2006.

NASCIMENTO, Abdias. **O genocídio do negro brasileiro**. Rio de Janeiro: Paz e Terra, 1978.

NASCIMENTO, Abdias. Democracia racial: mito ou realidade? **Portal Geledés**, 1977. Disponível em: https://www.geledes.org.br/democracia-racial-mito-ou-realidade/?gclid=EAIaIQobChMI57_p5ciH7AIVh4SRCh21RwlMEAAYASAAEgIS1fD_BwE.Acesso em: 07 abr. 2020.

OLIVEIRA FILHO, Pedro de. A mobilização do discurso da democracia racial no combate às cotas para afrodescendentes. **Estudos de Psicologia**, Campinas, SP, v. 26, n. 4, out.-dez. 2009.

OLIVEIRA JUNIOR, Almir de; LIMA, Verônica Couto de Araújo. Violência letal no Brasil e vitimização da população negra: qual tem sido o papel das polícias e do estado? *In*: SILVA, Tatiana Dias; GOES, Fernanda Lira (orgs.). **Igualdade** racial no Brasil: reflexões no ano internacional dos afrodescendentes. Rio de Janeiro: IPEA, 2013.

PASSOS, Joana Célia. Relações raciais, cultura acadêmica e tensionamentos após ações afirmativas. **Educação em Revista**, Belo Horizonte, v. 31, n. 2, p. 155-182, abr.- jun. 2015. Disponível em: http://www.scielo.br/scielo.php?script=sci_arttext&pid=S01026982015000200155&lng=pt&tlng=pt. Acesso em: 27 mar. 2020.

PEREIRA, Sueli; ZIENTARSKI, Clarice. Políticas de ações afirmativas e pobreza no Brasil. **Revista Brasileira de Estudos Pedagógicos**, Brasília, v. 92, n. 232, p. 493-515, set.- dez. 2011.

PEREZ-NEBRA, Amália Raquel; TORRES, Cláudio Vaz. Diversidade cultural no contexto organizacional. *In:* ZANELLI, José Carlos; BORGES-ANDRADE, Jairo Eduardo; BASTOS, Antonio Virgilio Bittencourt (orgs.). **Psicologia, organizações e trabalho no Brasil**. 2. ed. Porto Alegre, RS: Grupo A, 2014.

PIOVESAN, Flávia. **Direitos humanos e o direito constitucional internacional**. 14. ed. São Paulo: Saraiva, 2013.

POLITIZE. **Análise do sistema de cotas no Brasil**: deu certo?. Disponível em: https://www.politize.com.br/quem-somos/. Acesso em: 20 jul. 2020.

PRADO JUNIOR, Caio. **Formação do Brasil contemporâneo**. 23. ed. São Paulo: Brasiliense, 1999.

RAMOS, Silvia; MUSUMECI, Leonarda. **Elemento suspeito**: abordagem policial e discriminação na cidade do Rio de Janeiro. Rio de Janeiro: Civilização Brasileira, 2005. (Coleção Segurança e Cidadania, 2).

RODRIGUES, Nina. Atavisme psychique et paranóia. Lion. Fr. 1902. **Archives d'Anthropologie Criminelle, de**

Criminologie et de Psychologie Normale et Pathologique, Lyon, v. 17, n. 102, p. 325-355. Disponível em: http://www.criminocorpus.cnrs.fr/ebibliotheque/ice/. Acesso em: 22 jul. 2020.

ROSA, Alexandre Reis. Relações raciais e estudos organizacionais no Brasil. **RAC**, Rio de Janeiro, v. 18, n. 3, art. 1, p. 240/260, maio - jun. 2014. Disponível em: https://www.scielo.br/pdf/rac/v18n3/v18n3a02.pdf. Acesso em: 29 jun. 2020.

SAKAMOTO, Leonardo. **Por que a lei aúrea** não representou a abolição definitiva. 2008. Disponível em: https://blogdosakamoto.blogosfera.uol.com.br/2008/05/13/por-que-a-lei-aurea-nao-representou-a-abolicao-definitiva/. Acesso em: 15 abr. 2020.

SALDAÑA, Paulo; TAKAHASHI, Fábio; TANAKA, Marcela. Presença de negros avança pouco em cursos de ponta das universidades. **Folha de São Paulo**, Brasília, São Paulo, 1 jul. 2019. Disponível em: https://www1.folha.uol.com.br/educacao/2019/07/presenca-de-negros-avanca-pouco-em-cursos-de-ponta-das-universidades.shtml. Acesso em: 31 mar. 2020.

SALES, Alcígledes de Jesus. **Educação uma questão de cor:** a trajetória educacional dos negros no Brasil. 2019. Disponível em: https://meuartigo.brasilescola.uol.com.br/educacao/educacao-questao-cor-trajetoria-educacional-dos-negros-brasil.htm. Acesso em: 27 mar. 2020.

SALES, Augusto dos Santos; CAVALLEIRO, Eliane, BARBOSA, Maria Inês da Silva; RIBEIRO, Matilde. **Revista de Estudos Feministas**, Florianópolis, SC, v. 16, n. 3, p. 424, set. - dez. 2008.

SALVADOR (BA). Secretaria Municipal da Reparação. **Institucional**. Disponível em: http://www.reparacao.salvador.ba.gov.br/. Acesso em: 30 jun. 2020a.

SALVADOR (BA). Secretaria Municipal da Reparação. **Selo da diversidade étnico-racial**. Disponível em: http://www.reparacao.salvador.ba.gov.br/index.php/selo-da-diversidade. Acesso em: 30 jun. 2020b.

SANTOS, Alisson Carneiro. **O combate ao trabalho escravo contemporâneo no Brasil**. São Paulo: LTR, 2019a.

SANTOS, Boaventura de Sousa. **Reconhecer para libertar**: os caminhos do cosmopolitanismo multicultural. Rio de Janeiro: Civilização Brasileira, 2003.

SANTOS, Jocélio Teles dos. Ações afirmativas e educação superior no Brasil: um balanço crítico da produção. **R. Bras. Est. Pedagógicos**, Brasília, v. 93, n. 234, maio - ago. 2012.

SANTOS, Jocélio Teles dos. **O impacto das cotas nas universidades brasileiras (2004/2012)**. Salvador: Centro de Estudos Afro-Orientais – CEAO, 2013.

SANTOS, Juliana Silva. O discurso sobre as cotas raciais antes da lei 12.711/2012: letramentos acadêmicos e a ampliação do acesso ao ensino superior no Brasil. **Revista Bras. Linguística Aplicada**, v. 19, n. 1, 2019b.

SARLET, Ingo Wolfgang; MARINONI, Luís Guilherme; MITIDIERO, Daniel. **Curso de direito constitucional**. 6. ed. São Paulo: Saraiva, 2017.

SCHWARCS, Lilia Moritz. **O espetáculo das raças**: cientistas instituições e questão racial no Brasil, 1870-1930. São Paulo: Companhia das Letras, 1993.

SCHWARCZ, Lilia Moritz. Previsões são sempre traiçoeiras: João Baptista deLacerda e seu Brasil branco **Hist. Cienc.**

Saúde-Manguinhos, Rio de Janeiro, v. 18, n. 1, mar. 2011. Disponível em: https://doi.org/10.1590/S0104-59702011000100013. Acesso em: 04 maio 2020.

SCHWARZ, Rodrigo Garcia. **Trabalho escravo:** a abolição necessária uma análise da efetividade e da eficácia das políticas de combate à escravidão contemporânea no Brasil a partir de uma perspectiva garantista e democrática dos direitos sociais. São Paulo: LTR, 2008.

SILVA, Edna Lúcia da; MENEZES, Estera Muszkat. **Metodologia da pesquisa e elaboração de dissertação.** 3. ed. rev. atual. Florianópolis, SC: Laboratório de Ensino a Distância da UFSC, 2001.

SILVEIRA, Daniel. 6,37% dos desempregados no Brasil são pretos ou pardos aponta IBGE. **G1 Economia**, 17 nov. 2017. Disponível em: https://g1.globo.com/economia/noticia/637-dos-desempregados-no-Brasil-sao-pretos-ou-pardos-aponta-ibge.ghtml. Acesso em: 03 dez. 2019.

SILVÉRIO, Valter Roberto. Ação afirmativa e o combate ao racismo institucional no Brasil. **Cadernos de Pesquisa**, n. 117, p. 219-246, nov. 2002.

SISTEMA de cotas da UERJ completa uma década com indicadores positivos. **UERJ em questão**, Rio de Janeiro, v. 19, n. 97, p. 8, jan. - fev. 2013. Disponível em: https://www.uerj.br/wp-content/uploads/2019/01/uerjemquestao97.pdf. Acesso em: 15 maio 2020.

SITO, Luanda Rejane Soares. Ensaiando estratégias das artes letradas nas zonas de contato: trajetórias de letramento acadêmico, ações afirmativas e políticas de conhecimento. **Rev. Bras. Linguíst. Apl.**, v. 18, n. 4, 2018.

SOUZA, Jessé. **A elite do atraso:** da escravidão à lava jato. Rio de Janeiro: Leya; 2017.

STREET, Brian V. **Perspectivas interculturais sobre o letramento**. Tradução de Marcos Bagno. São Paulo: [s.n], 2007. p. 472. Disponível em: file:///C:/Users/PC_MC/Downloads/59767texto%20do%20artigo%20sem%20identifica%C3%A7%C3%A3o-77204-1-10-20130809.pdf. Acesso em: 24 mar. 2020.

TELLES, Edward E. **O significado da raça na sociedade brasileira**. Tradução: Ana Arruda Callado; revisão técnica e formatação Danilo França. Princeton e Oxford: Princeton University Press, 2004.

THEODORO, Mário. A formação do mercado de trabalho e a questão racial no Brasil. *In:* THEODORO, Mário (org.). **As políticas públicas e a desigualdade racial no Brasil 120 anos após a abolição**. Brasília: IPEA, 2008.

THOMAS, R. R. From affirmative action to affirmative diversity. **Harvard: Business Review**, v. 68, n. 2, p. 107-117, mar.- apr. 1990.

UCP. Faculdades do Centro do Paraná. **Manual de normas**. Pitanga, PR. Disponível em: https://ucpparana.edu.br/utilidades/manuais/. Acesso em: 15 abr. 2020.

UNEB amplia grupo do sistema de cotas. **Cidade Satélite**, 26 jul. 2018. Disponível em: https://www.cidadesatelite.com.br/uneb-amplia-grupo-do-sistema-de-cotas/. Acesso em: 20 jul. 2020.

VALLE, Marta Denis. **Brasil, último a abolir a escravidão na América depois de Cuba**. [s.l.]: [s.n.], 2018. Disponível em: http://www.patrialatina.com.br/brasil-ultimo-a-abolir-a-escravidao-na-america-depois-de-cuba/. Acesso em: 04 maio 2020.

VELOSO, Serena. Aprovação das cotas raciais na UnB completa 15 anos. **UNBNoticias,** 6 jun. 2018. Disponível em: https://www.noticias.unb.br/76-institucional/2319-aprovacao-das-cotas-raciais-na-unb-completa-15-anos. Acesso em: 4 maio 2020.

VELLOSO, Jacques. Cotistas e não-cotistas: rendimento de alunos da Universidade de Brasília. **Cadernos de Pesquisa,** v. 39, n. 137, p.621-644, maio - ago. 2009. Disponível em: http://www.redeacaoafirmativa.ceao.ufba.br/uploads/fcc_artigo_2009_JVelloso.pdf. Acesso em: 23 mar. 2020.

VERGARA, Sylvia Constant; BRANCO, Paulo Durval. Empresa humanizada: a organização necessária e possível. **Revista de Administração de Empresas,** São Paulo, v. 41, n. 2, p. 20-30, abr.- jun. 2001.

WAINER, Jacques; MELGUIZO, Tatiana. Políticas de inclusão no ensino superior: avaliação do desempenho dos alunos baseado no ENADE de 2012 a 2014, **Educação e Pesquisa,** São Paulo, v. 44, 2018.

WAISELFISZ, Julio Jacobo. **Mapa da violência 2012:** a cor dos homicídios no Brasil. Rio de Janeiro: CEBELA, FLACSO; Brasília: SEPPIR/PR, 2012.